Pedagogía práctica de la guitarra

Redbook

Pedagogía práctica de la guitarra

José Manuel González

MA
NON
TROPPO

© 2019, José Manuel González Gamarro
© 2019, Redbook Ediciones, s. l., Barcelona

Diseño de cubierta: Regina Richling
Diseño de interior: Grafime

ISBN: 978-84-120812-6-8

Depósito legal: B-24.417-2019

Impreso por Sagrafic, Passatge Carsi 6, 08025 Barcelona

Impreso en España - *Printed in Spain*

PRÓLOGO

El interés por que los niños estudien música en edades cada vez más jóvenes es una realidad. La preocupación de los padres para que sus hijos estudien música desde edades tempranas junto a la gran oferta educativa musical han facilitado que la educación musical se esté desarrollando como nunca.

En el caso de la enseñanza de la guitarra se constata con claridad esa evolución. Hay que remontarse más de 200 años para hacer un primer seguimiento a los métodos de guitarra. Será en el siglo XIX cuando empiecen a proliferar los primeros métodos de guitarra como forma de enseñar, generalmente sin maestro, a los numerosos aficionados que se acercan al instrumento. Del método de D. Aguado del siglo XIX se irá pasando a otros como los de A. Damas, E. Pujol o A. Carlevaro que irán transmitiendo el saber de los grandes maestros a través de una serie de lecciones más o menos graduadas. Y desde mediados de siglo XX los cambios han sido muy significativos con la aparición de multitud de trabajos que se adaptan mejor a los alumnos. Estos nuevos métodos incorporan parte de la ya sólida pedagogía musical de escuelas como Orff, Willems o Kodaly. Se ha mejorado en la selección e individualización de aspectos técnicos a tratar, la gradación de dificultades o una mejor presentación en la que no se descuida el aspecto lúdico. Todo ello pensando en este público joven al que va destinado.

El método que tienen en su mano es una fantástica aportación en el área de la pedagogía de guitarra. Aparte de los aspectos fisiomecánicos, de lectura o repertorio ya tratados por los métodos anteriores, se añaden aspectos todavía poco abordados como son el trabajo de la independencia de voces, de las dinámicas y la expresividad.

Pero si hay algo que se puede destacar sobre todo de este trabajo, es lo novedoso que resulta el tener también presente al profesor. Y es que el método de José Manuel González se atreve a proponer una serie de pautas al docente para ayudarle con el proceso didáctico. Este aspecto es algo a lo que no estamos todavía habituados los músicos con formación de conservatorio. Éste adolece todavía de una verdadera discusión sobre lo que es la enseñanza de instrumento en los diferentes niveles. Diversos autores se refieren al aprendizaje de instrumento a solas con el profesor como un "jardín secreto", un lugar donde prima el oscurantismo y en el que se acepta sin rechistar las instrucciones del maestro. Y es a veces este maestro, respaldado de un gran prestigio como intérprete, el que impone su criterio sin otro tipo de consideraciones.

José Manuel González abre las puertas y ventanas de esta aula oscura y permite que entre un renovado aire. Trata de dar pautas y consejos a los nuevos profesores que no han tenido ni la formación adecuada en pedagogía del instrumento ni todavía la suficiente experiencia. Esa experiencia es la que posee José Manuel, que aun siendo todavía un joven entusiasta lleno de energía, cuenta ya con un amplio bagaje con la enseñanza de iniciación al instrumento.

Es pues un trabajo novedoso, bien documentado y oportuno al que le deseamos la mejor acogida entre la comunidad guitarrística.

MIGUEL ÁNGEL JIMÉNEZ
Catedrático de Guitarra del
Conservatorio Superior de Música
«Victoria Eugenia» de Granada

INTRODUCCIÓN

La mayor parte de la literatura pedagógica relativa a la guitarra siempre hace referencia a la manera de aprender a tocar el instrumento, es decir, dirigida al aprendiz en libros que comúnmente llamamos métodos. Pero ¿qué pasa con aquellos que ya saben tocar y tienen la vocación de enseñar a tocar? Todos los profesores de guitarra nos topamos en los inicios de nuestra labor docente con una dificultad: cómo hacer para que nuestros alumnos aprendan. Todos estos métodos de guitarra están pensados para que nos ayuden en nuestra labor pedagógica, además de que existe un gran número de ellos pensados para aprender sin ayuda de un profesor. Hay que estar muy alerta para no hacer de los métodos basados en piezas progresivas nuestro epicentro pedagógico. Todos estos llamados «métodos», que en la mayoría de los casos son libros que contienen pequeñas piezas (recopiladas de autores conocidos o bien compuestas por el autor o autora del libro) ordenadas según el criterio de quien realiza el libro, están dirigidos al alumnado. La mayoría de ellos carece de indicaciones pedagógicas para los docentes, dejando las explicaciones didácticas en el terreno de lo que se sobreentiende o lo evidente. Esta situación tiene como consecuencia que a lo largo de nuestra formación como guitarristas encontramos una carencia de literatura pedagógica específica dirigida hacia los docentes. Este libro trata de solventar esa carencia en la medida de lo posible, no como el libro definitivo que resuelva todas las incertidumbres pedagógicas, sino como una herramienta más, que, por un lado, ayude al profesor novel a abrir nuevos caminos y despejar dudas y, por otro lado, contribuya a refrescar ideas y seguir evolucionando en la docencia de aquellas profesoras y profesores más experimentados.

Esta obra está concebida como un libro de trabajo para docentes, por lo cual se ha realizado desde un enfoque eminentemente práctico. Tiene como base todas las metodologías activas, principalmente la metodología que desarrolló Edgar Willems. Fue uno de los grandes pedagogos musicales de principios del s.xx, que, tras precursores en torno al movimiento de la *Nueva escuela* como Pestalozzi, Dalcroze, Froebel, Dalton o Montessori, desarrolló toda una metodología desde el punto de vista del sujeto, pero con un enfoque diferente con respecto al resto de autores: formuló una teoría psicológica sobre la educación musical ligada a la vida interior del ser humano. Esta metodología pone en el centro del proceso de enseñanza-aprendizaje al alumnado, hecho que ya se pone de manifiesto en la corriente de la *Nueva escuela* a finales del s. xix y principios del s. xx. Todas estas metodologías activas (Dalcroze, Willems, Martenot, Mursell, Orff o Kodály) están muy desarrolladas en la iniciación musical, pero que, a excepción de Suzuki que se centró en la enseñanza del violín y el propio Willems, que (junto a su continuador en la metodología Jacques Chapuis) desarrolló principios para la educación instrumental centrada en el piano, no se desarrollaron tanto en la aplicación práctica en la enseñanza instrumental. A pesar de que la mayoría de estas teorías pedagógicas están basadas en la educación musical en general, concretamente en la iniciación, contienen principios metodológicos perfectamente válidos y aplicables en la formación instrumental, que en este caso aplicaremos a la guitarra.

La mayor parte de este libro está concebida como una guía práctica de la realidad del aula, en un nivel de concreción mayor. Para ello se han utilizado casos prácticos genéricos en los que basarnos para el desarrollo del aprendizaje de la música para guitarra a lo largo de varias clases o sesiones. No se trata de elaborar una sola manera de realizar las clases, sino de guiar en unos procedimientos con los que se obtienen resultados positivos, comprobados con años de experiencia propia e investigación. Existen muchas maneras de hacer las cosas, una de ellas es la propuesta de este libro. Una de las competencias clave de la Ley Orgánica de Mejora de la Calidad Educativa[1] se basa en la capacidad del alumnado para aprender a aprender, por lo que se hace más que necesario una obra que busque un paralelismo con esa competencia clave y que, a su vez, define el primer objetivo de este libro: enseñar a enseñar.

---

[1] Ley Orgánica 8/2013, de 9 de diciembre, para la mejora de la calidad educativa, BOE nº 295, de 10/12/2013.

LA CLASE DE GUITARRA, HACIA EL MÚSICO TOTAL

Potenciar las capacidades del alumno mediante la música será nuestro primer y último objetivo a conseguir. Desarrollaremos sus capacidades físicas a través de la motricidad fina requerida para el movimiento y coordinación de los dedos, capacidad mental a través de la armonía y la lectura, y sus capacidades afectivas obviamente presentes en la melodía de cualquier obra o canción a interpretar. Lo físico, lo afectivo y lo mental nunca aparecerán en la música por separado[2], sino que estos tres elementos se dan siempre simultáneamente en correspondencia con el ritmo, la melodía y la armonía. Una melodía, por simple que ésta sea, siempre tiene un ritmo y una armonía subyacente. Tener presente este principio en las primeras lecciones de guitarra es de vital importancia, no solo desde la praxis docente para abordar una pequeña pieza desde diferentes perspectivas y acompañamientos, sino para poder relacionar los diferentes planos musicales con la realidad de la persona, fuera de lo estrictamente musical. Si tenemos presente esto en todo momento, cualquier obra que estemos trabajando con el alumno adquirirá un sentido mucho más profundo, filosófico tal vez, pero necesario para saber que la música y la guitarra es una experiencia en total simbiosis con el ser humano y por eso tan atrayente.

Debemos darle mucha importancia al canto, aunque estemos en una clase propiamente instrumental, sobre todo en los primeros cursos de Enseñanzas Básicas. Esto es fundamental para que

---

[2] WILLEMS, Edgar, *El valor humano de la educación* musical, Barcelona, Paidós, 2002, p. 80.

el alumno pueda tocar de una manera viva. Si el alumno intenta imitar lo que canta estará persiguiendo un ideal de fraseo, de matices que consigue de manera natural con la voz. Convertir un ejercicio en algo único, expresivo y atrayente será fundamental dentro de la clase de guitarra. La actitud se convierte en el mejor de los recursos para apelar al estado de ánimo del alumno y conseguir un resultado artístico de algo que en principio para nosotros es muy simple pero que no lo es para el alumnado. El modelo a imitar que tiene el alumno somos nosotros, por esta razón nuestra manera de cantar o tocar cualquier ejemplo hemos de hacerlo con sumo cuidado, vigilando cada detalle, buscando siempre la belleza en lo que hacemos, en el gesto y el resultado sonoro. En los primeros estadios del aprendizaje todo se va asimilando por imitación, nunca hay que olvidar este principio por muy básico que nos parezca.

Una clase de guitarra debe desarrollarse de manera continua, abordando diferentes aspectos musicales, pero con un nexo de unión común para poder potenciar el aprendizaje. Todos los ejercicios para abordar los diferentes aspectos musicales se deben encadenar de manera dinámica y eficaz, como nos propone Edgar Willems[3]:

Los ejercicios tienen que encadenarse sin vacilación con el fin de mantener viva la atención del alumno.

Fundamentalmente se trabajarán en cada clase el toque de oído, la improvisación, la técnica, la lectura a vista y la literatura instrumental (las obras escritas de cada nivel).

El *toque de oído* es el toque sin partitura de una música previamente memorizada, no solamente la melodía y no solamente una canción, pueden ser temas de la gran música y con multitud de aplicaciones, como buscar segundas voces, acompañamientos con las funciones tonales… Como no tendremos la dificultad de la lectura podremos exigir un nivel técnico superior al abordado con las lecturas.

La *técnica* la trabajaremos para una correcta posición corporal y buen desarrollo motriz en ambas manos, siempre adecuada a cada alumno y con un avance progresivo.

En la *improvisación* nos ocuparemos de que el alumno invente de acuerdo a un estado de ánimo, un sentimiento, etc. y nunca partiendo del cerebralismo. La improvisación tiene un triple carácter: rítmico, melódico y armónico. Podrá ser libre o cada vez más estructurada sirviéndonos para preparar o ampliar las otras partes de la clase.

En la *lectura a vista* se prepara al alumno para que sea capaz de descifrar e interpretar por sí mismo, de manera autónoma, una partitura. Tendremos en cuenta que el nivel de la lectura será

[3] WILLEMS, Edgar, *Solfeo curso elemental. Libro del maestro*, Friburgo, Éditions Pro Musica, 2008, p. 19.

inferior a las piezas de literatura trabajadas, e inferior al nivel de las lecturas melódicas que se trabajan en la clase de solfeo.

La *literatura* hace referencia a las obras escritas para nuestro instrumento. Haremos una progresión de las piezas en función de las capacidades técnicas y expresivas de cada alumno, trabajándolas siempre en relación con los demás apartados de la clase. Éstos deberán tener uno o varios elementos del lenguaje musical que se esté estudiando en el momento para que la teoría y la práctica tengan una mayor unidad[4]. Es muy importante un repertorio basado en las obras de los grandes maestros que aborden las diferentes épocas y estilos, y la memorización de dicho repertorio.

Todas estas partes de la clase que han de trabajarse siempre con el alumno en cada sesión, han de ir unidas de alguna forma, ya sea la tonalidad, un intervalo o pasaje técnico concreto, un ritmo, un compás… El orden de las partes de la clase irá en función de las capacidades del alumno y de su nivel y edad. No se trata de hacer un esquema rígido de cómo realizar una clase, hay muchas posibilidades. Con los más pequeños podremos, por ejemplo, empezar con la técnica, con otros por la improvisación… En función de lo que nos interese como pedagogos trabajar en cada momento. Lo novedoso de esta forma de dirigir la clase de guitarra será el superar la partitura, es decir, descentralizarla a favor de otras músicas no escritas que fomenten la creatividad. Nos adentraremos en la expresividad antes de encontrarnos con la dificultad de la lectura. Si hacemos una analogía con el lenguaje, antes de que un niño sepa leer y escribir la palabra «mamá» la habrá oído y hablado muchas veces y con muchas entonaciones y timbres diferentes. Esta es la misma idea para el aprendizaje de la guitarra; de la impregnación e imitación pasaremos a la concreción de la lectura.

---

[4] WILLEMS, Edgar, *Las bases psicológicas de la educación musical*, Barcelona-Buenos Aires, Paidós, 2011, pp. 211-212.

PROCEDIMIENTOS:
LOS RECURSOS PEDAGÓGICOS

Dentro de este capítulo, se describen diferentes recursos pedagógicos para trabajar dentro de una clase de guitarra, elaborados a raíz de mi propia experiencia como docente. Son recursos que suelen tener resultados óptimos, aunque nada es infalible ni existen las soluciones universales. La eficacia de cada recurso variará según cada estudiante de guitarra, dependiendo de su edad, personalidad, circunstancias personales, destreza física… La única intención de esta elaboración de herramientas didácticas es la de dotar al docente de ideas que, o bien le sean de utilidad por su aplicación directa en el aula, o bien le ayuden a crear sus propios recursos, contribuyendo así a la optimización del tiempo de la clase de guitarra y la eficacia de nuestras explicaciones. Cada actividad no se limita a una sola clase, sino que serán actividades que podremos usar en varias clases con los mismos alumnos y por supuesto no son excluyentes, ya que en una misma clase se podrán realizar varias de estas actividades.

Juego de dedos

Este es un recurso fácil y divertido que podremos usar en alumnos de cualquier edad, aunque los que más disfrutarán de este juego serán las niñas y niños, ya que en la infancia se está más predispuesto al juego y más desinhibido. El objetivo de este pequeño juego es poder memorizar la nomenclatura de los dedos de ambas manos para así poder enseñar los principios básicos de la digitación guitarrística, por lo que será un ejercicio idóneo para la primera clase de instrumento.

El primer paso será decir el nombre de cada dedo de la mano que pulsa las cuerdas (pulgar, índice, medio y anular)[5] cogiendo el dedo del alumno para así involucrarlo en el ejercicio a través del contacto físico. Lo repetiremos varias veces hasta que quede bien memorizado. Acto seguido pediremos a nuestros alumnos que cierren los ojos y cogeremos uno de sus dedos al azar y le pediremos que diga su nombre. Una vez superado esto con éxito, podremos añadir más dificultad si en vez de coger el dedo de los alumnos, lo tocamos fugazmente para que la sensación táctil sea mucho más efímera. A continuación, realizaremos la misma actividad con la mano que pisa las cuerdas en el mástil con la nomenclatura numérica (dedos del 1 al 4). Es conveniente que, en esta mano la posición sea decúbito supino (con la palma hacia arriba), al contrario que la mano que pisa las cuerdas, puesto que a la hora de tocar cada mano tendrán la palma hacia un lado diferente.

Seguidamente se puede pedir que extiendan las dos manos y realizaremos el ejercicio de los ojos cerrados en ambas manos alternativamente. Para concluir esta actividad, daremos un paso más en la dificultad apelando a la motricidad fina y la coordinación, pidiendo al alumnado que junte los dedos que le pidamos (uno de cada mano), por ejemplo, podremos decir: «junta el dedo medio con el dedo 4», realizando multitud de combinaciones posibles y aumentando la velocidad de las peticiones de manera divertida.

Para este ejercicio ni siquiera es necesario tener el instrumento, puesto que simplemente son ejercicios para las manos y no tendremos que tocar ninguna cuerda.

Tumbamos la guitarra

Esta actividad está indicada para la primera o primeras clases de guitarra, dependiendo de la capacidad de asimilación de cada estudiante. Aunque está en un principio ideada para alumnos en edad infantil, es igualmente eficaz para cualquier tipo de alumnado. Para una primera toma de contacto y conciencia de la forma y peculiaridades sonoras del instrumento podremos dejar la guitarra sobre una mesa baja totalmente tumbada. En esta posición (con nuestro alumno de pie mirando la guitarra) iniciamos un repaso por las partes del instrumento (cabeza, mástil, trastes, caja, boca, cuerdas…) de manera general y sin insistir demasiado en la memorización que se irá adquiriendo a lo largo del curso. Esta presentación debe idearse para que el niño tenga el mayor contacto físico posible con la guitarra, tratando de involucrar más que de explicar un exceso de teoría. En esta posición horizontal[6] el alumno inicia una identificación consciente de los trastes

---

[5] El dedo meñique no se suele nombrar puesto que no lo usaremos hasta cursos más avanzados para técnicas como el rasgueo o ejercicios para la fluidez de los arpegios.

[6] En la primera toma de contacto con el instrumento pondremos en valor la memoria visual y táctil, por lo tanto, una manera de aumentar el contacto visual es poder tener la guitarra delante del alumno al estilo de las *Lap Steel Guitars*, muy usadas en la

y la pulsación de las cuerdas. Se puede mantener esta posición «antiacadémica» durante las primeras clases, dependiendo su número de la capacidad de cada principiante. El contacto visual le brinda al niño la oportunidad de ver cómo tiene que colocar los dedos para un resultado sonoro eficaz. Se puede trabajar la improvisación con la guitarra en esta posición a través de glissandos en el mástil o bien pulsando ritmos en todas las cuerdas, de forma que el alumno escucha motivos rítmicos para seguidamente imitarlos y, después, improvisar con ellos. Incluso podremos aprender el nombre de cada cuerda o alguna pequeña canción que implique ambas manos, pero de muy poca dificultad, como puede ser alguna que sólo requiera pulsar un traste y la cuerda al aire[7]. En estos casos el alumnado será más consciente de la necesaria coordinación de ambas manos para un resultado musical óptimo puesto que tendrá una mejor visión de los mecanismos necesarios en la técnica de la guitarra.

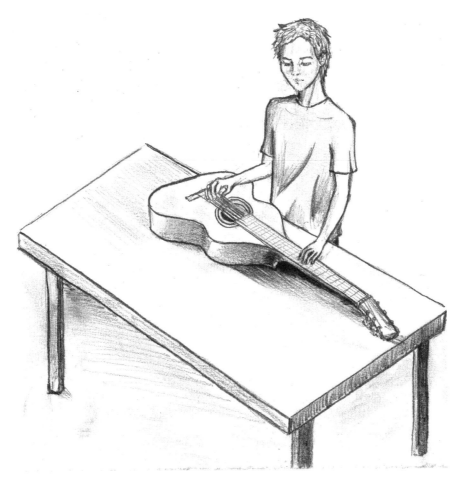

música hawaiana y en el *country*, dejando para después la correcta colocación del instrumento. Ha habido guitarristas de éxito que han aprendido a tocar de esta manera, como Jeff Healey o Elizabeth Cotten (que además era zurda).

[7] Existen multitud de canciones de dos notas e incluso podremos inventar alguna para cada alumno. Mi recomendación para canciones de dos notas son las tituladas *El ratón* y *din, dan* en WILLEMS, Edgar, «*Carnets pédagogiques* nº 1», Chanson de *deux à cinq notes*, Fribourg: Editions Pro Música, 1956. En este caso, hemos consultado la edición en castellano: Edgar Willems: *Educación Musical II: Canciones de dos a cinco notas*, Buenos Aires: Ricordi Americana, 1980.

Conoce las cuerdas

Volvemos a tener una actividad muy útil para la primera o primeras clases de guitarra. Es importante que los alumnos aprendan el nombre de las notas de las cuerdas al aire como un primer ordenamiento[8] y para ello usaremos cantinelas fáciles que implican el nombre de la nota. Contribuiremos de esta forma a su memorización de una manera amena y divertida a la vez que implicamos la voz mediante el canto, principio muy importante a tener en cuenta en las clases de guitarra[9]. Este ejercicio se podrá realizar bien con la guitarra tumbada, bien con la guitarra en la posición tradicional, pues el objetivo será, por un lado, la memorización de las notas al aire, y por otro la correcta pulsación alternando los dedos índice y medio (o repetición del pulgar) en cada cuerda. Cuando el niño canta una canción se convierte en el protagonista de la misma, y si en ella una nota aparece con su nombre y la canta a la vez que la toca y, además, mira cómo se toca, el proceso de aprendizaje es global. Si, por ejemplo, queremos que asimile que la primera cuerda es Mi, podemos cantar una pequeña cantinela para ayudar a la memoria:

Mi   Mi   es - ta   cuer - daes   Mi _____

Este mismo ejercicio lo realizaremos en todas las cuerdas, cada uno con su nombre de nota correspondiente, es decir, en la segunda cantaremos con Si, en la tercera con Sol, etc. Es muy importante que el profesor pueda acompañar estas cantinelas de manera sencilla, con uno o dos acordes, para la impregnación armónica del alumnado, así como para enriquecer estas melodías tan simples. En un principio se puede realizar en todas las cuerdas (incluso las más graves) con los dedos índice y medio, para posteriormente trabajar la pulsación con la misma cantinela con el pulgar en las cuerdas que creamos conveniente, como pueden ser las entorchadas. Es obvio que el estudiante nunca debe ver la partitura, sino que la aprenderá de oído, con lo cual ya estaremos trabajando esta sección tan importante de la enseñanza instrumental. Una vez aprendidas todas las cuerdas podremos realizar juegos en los que toquemos o pongamos el dedo sobre una cuerda al azar y los alumnos vean y nos digan qué cuerda es. Otro ejercicio para constatar que el alumnado se ha aprendido bien el nombre de las cuerdas puede ser el realizar ejercicios de completar el orden de las cuerdas al aire, ya sea ascendente o descendente. Por ejemplo, si el orden

---

[8] Teniendo en cuenta que existen metodologías que otorgan mucha importancia al orden de los sonidos (Willems: *El valor humano…*, *op. cit.*, pp. 105-112), este podría ser un primer ejercicio de ordenamiento con el instrumento. Una premisa básica, recomendada por Willems, es unir los ejercicios de este tipo que se practicaban en los grados anteriores (pre-instrumental y pre-solfeo) con la ejecución instrumental. Véase Willems: *El valor humano…*, *op. cit.*, p. 137.

[9] La memorización nominal y auditiva será directamente proporcional al nivel de implicación del alumno, y esta última aumenta con la práctica del canto.

descendente en cuanto a altura de los sonidos en la guitarra es Mi-Si-Sol-Re-La-Mi un divertido ejercicio será que los estudiantes completen en orden lo que nosotros digamos, si el profesor dice: «Mi-Si-Sol-Re…» los alumnos deberán completarlo diciendo: «La-Mi» o si el profesor dice: «Mi-Si…» el alumnado deberá completar diciendo: «Sol-Re-La-Mi». Este mismo procedimiento puede repetirse en el orden inverso Mi-La-Re-Sol-Si-Mi. Otra manera de comprobar que tienen bien asimilado qué cuerda es cada nota, será diciendo una nota al azar (de las cuerdas al aire) y ellos tocarán y cantarán la cantinela correspondiente. La idea siempre será trabajar un mismo objetivo de múltiples maneras para así evitar la tediosa tarea (tanto para el alumno como para el profesor) de repetir lo mismo.

Las marionetas

Esta actividad, por ejemplo, se puede trabajar en cualquier nivel de guitarra y sin una ubicación temporal concreta, puesto que el objetivo será adquirir una buena técnica y relajación de la muñeca de la mano encargada de pulsar las cuerdas. A lo largo de nuestra labor docente nos podremos encontrar alumnado que, ya sea por un estado de excitación mayor al habitual o por malos hábitos corporales, tenga un exceso de tensión en las muñecas, lo que repercute directamente en la movilidad de los dedos y por consiguiente en la calidad del sonido. Un ejercicio efectivo para alumnos de corta edad es simular el movimiento de las manos de las marionetas, para así descargar la tensión en las muñecas. Para implicar a los niños en este ejercicio y explicar este movimiento de manera más práctica, hemos de pedirles que dejen el brazo totalmente relajado, y en ese momento le sujetaremos sólo por las muñecas con dos dedos para simular la sensación de que están cogidos con hilos como si fueran marionetas. Sujetando las muñecas con esa misma sensación se las colocamos sobre las cuerdas. Si vuelve la tensión corporal, será necesario volver a repetir el ejercicio tantas veces como sea necesario. Este pequeño ejercicio nos será de gran utilidad siempre que no desistamos y dejemos que los alumnos toquen con tensión en algún momento. No permitir que se pulse cualquier cuerda si existe tensión es de vital importancia, a pesar de que en un principio podamos pensar que no se avanza en los contenidos de la clase si tenemos que invertir mucho tiempo y nuestros alumnos no tocan las piezas o canciones programadas. Nada más lejos de la realidad, puesto que dejar que los niños toquen con tensión puede parecer en un principio poco importante y pondremos el foco de atención en la evolución de las piezas y la capacidad lectora, pero a largo plazo esta tensión inicial irá en aumento y será contraproducente para su avance y, por consiguiente, para su felicidad como intérprete. En algunos casos será necesario invertir casi todo el tiempo de la clase en este ejercicio y debemos liberarnos de la idea errónea de que no avanzan los estudiantes si no tocan lo que teníamos programado. Es mucho más importante el cómo tocar que el qué tocar, hay que tenerlo siempre presente.

Movimiento sonoro[10]

Cuando los niños y niñas llegan a la clase de instrumento, normalmente ya tienen la noción de conceptos abstractos como puede ser la altura del sonido «grave» o «agudo». En algunos casos la concepción intelectual de estos términos no está ligada a su percepción auditiva, por eso es necesario tener en cuenta ejercicios del movimiento sonoro. Estos ejercicios tendrán como fin el mejorar la percepción auditiva y mayor conciencia del movimiento de los sonidos (si suben o bajan), lo que contribuirá a ir adquiriendo una mejor intuición melódica para poder obtener canciones de oído y conocer de manera fluida el funcionamiento del mástil de la guitarra, así como a mejorar el transporte. El elemento principal de una melodía es el intervalo melódico, el movimiento de un sonido a otro, por lo que trabajar estos ejercicios en clase se hace casi imprescindible para la completa formación musical de nuestro alumnado. Una primera actividad puede ser el uso de glissandos, donde el profesor realiza esta técnica en una misma cuerda arrastrando el dedo por los trastes[11] y el alumno adivinará si el sonido sube o baja. Si es preciso y los alumnos no tienen bien asimilado el movimiento, nos detendremos a explicar que cuando sube el sonido se dirige desde el grave al agudo y podremos ayudarnos con un gesto del brazo e imitar el glissando de la guitarra con la voz. Una vez superados estos dictados del movimiento podremos pasar a otros un poco más complejos, en donde los alumnos adivinarán el movimiento sonoro, pero con dos sonidos aislados concretos (sin glissandos) para que la percepción auditiva vaya ganando precisión. Siempre que los alumnos vayan a adivinar el movimiento es importante pedirles que los reproduzcan con la voz y con el gesto de la mano[12]. Posteriormente a los intervalos, podremos pedir a los estudiantes de guitarra que realicen el movimiento sonoro con el gesto de la mano de breves melodías que tocaremos en la guitarra.

Discernir el movimiento sonoro que sigue una melodía es clave para poder tocar sin necesidad de una partitura, al igual que será la manera más natural de contribuir al buen resultado de los dictados melódicos escritos, presentes en la formación musical de asignaturas como lenguaje musical o solfeo. Es recomendable realizar todas estas actividades de manera progresiva a lo largo de todo el curso académico y contribuir a una formación musical completa como instrumentistas, aunque en un principio este tipo de actividad pueda parecer superflua y alejada de lo que siempre nos ha preocupado como guitarristas: la técnica (entendida únicamente como habilidad y destreza).

---

[10] WILLEMS, Edgar, *El valor humano…* op. cit. pp. 37-39.
[11] Es recomendable que los alumnos no vean el movimiento del dedo del profesor, para así poder adivinar el movimiento exclusivamente por el sonido.
[12] WILLEMS, Edgar, *El valor humano…* op. cit. pp. 37-39.

Juego de los lápices

Este es un recurso extendido entre numerosos profesores de instrumento para fomentar la atención de los niños y niñas y trabajar la propia exigencia y que sientan la necesidad de resolver pasajes complicados de ciertas canciones o partituras. El estudiante tiene que tocar una obra o pequeña sección pero no es capaz de interpretarla sin pararse o sin errores, por lo que le planteamos el siguiente juego: cogemos cinco lápices[13] y les decimos que deben conseguir los cinco. La manera de conseguirlos es realizar sin errores ni pausas la canción o parte en cuestión. Por cada vez que logren tocar sin errores se conseguirá un lápiz. La única dificultad de este juego es que las interpretaciones sin errores deben ser seguidas, es decir, que, si los alumnos han conseguido tres lápices y al tratar de conseguir el cuarto cometen un error, automáticamente perderán todos los lápices y tendrán que iniciar el juego desde cero. Esto puede parecer desalentador, pero en realidad plantear esta dificultad desde el principio crea el efecto justo contrario, y el estudiante se ve en-

---

[13] Los lápices son sólo un medio, es decir, que pueden ser bolígrafos, clips… lo que sea, ya que el objetivo real es que pueda realizar cinco veces cualquier pasaje sin errores.

vuelto en un afán de superación a sí mismo, aferrándose a su capacidad de concentración. Siempre debemos advertir que es un juego con una considerable dificultad, planteándoles la incógnita de cuántos lápices serán capaces de conseguir (aunque no sean cinco) para evitar la sensación de la frustración desde el primer momento. Siempre tendremos que animarlos para que puedan conseguir los cinco seguidos, practicando en casa de manera autónoma. Es importante que seamos exigentes para que sean conscientes de cuando algo está totalmente superado técnicamente, siempre desde el aliento y la motivación para no caer en la sensación de que existen dificultades insalvables. A veces, la superación técnica pasa por la repetición para que el esfuerzo físico y la destreza consigan realizar algunos movimientos. Este juego también es una manera de repetir ciertos pasajes, pero de manera más amena y divertida.

Manos alternas

Este es uno de los recursos pedagógicos más efectivos de los que aquí se plantean, pues se trata de dividir la dificultad con la ayuda del profesor para que el alumnado pueda centrarse en la dificultad de cada mano. Es válido para cualquier canción o partitura de cualquier nivel pues es una herramienta de estudio cuando algún pasaje se nos resiste en niveles superiores, aunque también es una forma de plantear cualquier canción o pequeña obra. Para plantear, por ejemplo, una canción de toque de oído, sin necesidad de partituras, esta es la mejor manera de hacer que cualquier niña o niño de nivel inicial pueda tocar y memorizar una canción. Una vez presentada la canción y cantada en clase con letra y nombre de notas, llega el momento de tocarla. El profesor se coloca detrás del alumno, al igual que en la imagen, como si fueran a tocar en una guitarra a cuatro manos.

Colocados en esta posición el profesor toca la canción con ambas manos en la guitarra del alumno y juntos cantan las notas. Antes de cantar el profesor instará a que el alumno mire atentamente una de las dos manos, por ejemplo, la derecha, y se fije exactamente en qué dedos tocan y en qué cuerdas tocan esos dedos a la vez que canta las notas. Se ha de coger una sección breve para que los alumnos puedan memorizar los movimientos de los dedos. Se repetirá este proceso varias veces hasta que quede memorizado el movimiento, después de lo cual pediremos a los alumnos que toquen la mano derecha a la vez que cantan las notas y el profesor se encargará de la mano izquierda. De este modo está sonando la canción al completo pero el alumno sólo toca la mano derecha, centrando aquí toda su atención. Seguidamente realizaremos el mismo proceso, pero con la mano izquierda, es decir, en un primer momento el profesor toca con ambas manos pidiéndole al alumno que ponga atención en los movimientos de los dedos de la mano izquierda y siempre cantando las notas. Acto seguido y tras varias repeticiones para asegurar la memoria del movimiento, el profesor tocará la mano derecha y el alumno la mano izquierda (siempre cantando). Cuando están afianzados los movimientos de la mano derecha e izquierda por separado es el

momento de que el alumno toque con ambas manos para trabajar la coordinación. Insistiremos siempre en la importancia del canto, pues memorizar movimientos a la vez que se cantan las notas es la mejor forma de realizar un proceso global, trabajando diferentes memorias simultáneamente. Como decíamos al principio, en niveles de grado profesional o superior es una eficaz manera de superar pasajes con alta exigencia técnica, puesto que una vez digitados, memorizar los movimientos por manos separadas nos ayudará a un avance más rápido y progresivo.

Toque a ciegas

Este recurso pedagógico está ideado para la fluidez de la lectura con el instrumento, para lo que habrá que trabajar la independencia visual de la guitarra, para poder fijar la atención en todo lo que está escrito en la partitura sin tener que mirar el instrumento. Podremos usar este recurso tanto en las obras escritas de repertorio como en las obras para trabajar la lectura a vista. El ejercicio consiste en tener que tocar una partitura sin mirar el instrumento. Podremos contabilizar las veces que el alumno ha necesitado desviar la mirada hacia la boca o el mástil e ir reduciendo este número de veces cada vez que se toque de nuevo la misma música. Para facilitar este ejercicio, sobre todo en el alumnado de más corta edad, podremos repasar las notas que aparecerán a modo de resumen para así poder tomar mayor conciencia de la sensación física de la ubicación de las notas en el mástil y en las cuerdas. Con los niños pequeños es conveniente realizar esta preparación para afianzar las distancias, siempre a modo de dictado de notas o pequeños motivos que contengan los mismos giros melódicos o intervalos que la obra en cuestión y evitando que los alumnos miren sus manos. También podremos preparar al alumnado no solo físicamente, sino en la fluidez de la lectura realizando un repaso de las notas en el pentagrama, recitándolas sin la ayuda del instrumento. Uno de los puntos importantes de este recurso del toque a ciegas es que se pueda realizar de manera fluida, aunque pueda haber errores ocasionales, que no se detenga el discurso musical.

Tocar sin tocar

Este recurso pedagógico está indicado para favorecer la fluidez en los ejercicios de lectura a vista, independientemente del nivel de la obra a trabajar. Todo el esfuerzo se centra en anticipar la dificultad técnica mentalmente. Presentaremos una partitura al alumnado explicándoles que la usaremos para ejercitar la lectura a vista y les pediremos que hagan un primer repaso mental de las notas y el ritmo. Seguidamente les diremos que toquen la pieza sólo mentalmente, imaginándose sus manos moverse y pensando en el movimiento de los dedos necesario para producir cada sonido. Esta recreación mental ayuda a anticipar los movimientos y contribuye a la concentración. Para que esto sea efectivo el profesorado ha de crear el ambiente adecuado en clase para que haya una mayor concentración e implicación en el ejercicio. No estamos muy lejos de la desensibilización sistemática de Joseph Wolpe[14], aunque no deja de ser una simple recreación mental de los movimientos necesarios. Desarrollar esta técnica en clase es esencial puesto que en los cursos más avanzados podremos pedir a los estudiantes que usen esta recreación en casa con el repertorio de obras que estén preparando, para así poder estudiar sin la guitarra en las manos, lo cual requiere altas dosis de concentración. La finalidad de este recurso, que implica la imaginación y la concentración, es poder tocar siempre con fluidez y sin pausas las lecturas a vista desde los primeros pasos con el instrumento.

---

14 WOLPE, Joseph, *Psychoterapy by reciprocal inhibition*, Stanford, Stanford University Press, 1958.

El espejo

Este es un recurso para aquellos alumnos que tienen una lateralidad contraria a la lateralidad del docente y, por consiguiente, tocan con el mástil hacia el lado contrario que el profesor. En estos casos es casi impracticable el recurso de las manos alternas que proponíamos anteriormente en los niveles iniciales, puesto que el profesor tendría que tocar en el mástil del alumno con la mano encargada de pulsar, es decir, la mano en la que deja crecer las uñas. Por lo tanto, la posición entre el profesor y los alumnos debe ser aquella en la que el docente se encuentra en frente del discente, para que éste pueda imitar los movimientos al igual que en un espejo.

En niveles elementales existirán casos puntuales en donde los profesores puedan extender el brazo destinado al mástil para así poder tocar algunas notas en el mástil del alumno, realizando así el ejercicio de manos alternas:

Esta posición (bastante incómoda para el profesor) es adecuada siempre que se trate de obras muy simples con dos o tres notas, y siempre en casos donde la destreza y la motricidad del alumnado no permita realizar el ejercicio en espejo.

Voces separadas

Este recurso pedagógico es básico cuando nos encontramos en niveles donde se trabajan en clase obras a varias voces, como pueden ser texturas con melodías y acompañamiento de un bordón, melodía con acompañamiento, homofonía a dos o más voces, contrapunto… La idea general de este recurso será aprender las voces por separado, como si fuesen melodías independientes, pero respetando la misma digitación que usaremos para el resultado final con todas las voces juntas, por lo que en ocasiones se dará el caso de repeticiones de dedos o combinaciones menos habituales cuando toquemos por separado alguna de las melodías. Un ejemplo de obra simple podría ser éste:

En esta pequeña pieza podemos ver una clara textura de melodía con acompañamiento, en donde el primer paso sería presentar y trabajar la melodía, sin la parte del bajo, o bien realizarlo justo al revés, en donde se tocaría en primer lugar la melodía del bajo sin la melodía[15]. En este tipo de piezas tan claramente estructuradas cabe la posibilidad de ir asimilando la melodía en la guitarra por frases de cuatro compases[16] ayudándonos de la voz, pues es una obra tonal y cantábile. Una vez superadas la melodía y la línea del bajo por separado, llega el momento de juntar estas voces para lo que podremos realizar un ejercicio preparatorio en donde pediremos que el alumnado percuta el ritmo de la pieza con las manos. Asignaremos una voz a cada mano, por ejemplo, a la mano derecha le asignamos la melodía y reservamos la izquierda para la línea del bajo, si es necesario percutiremos el ritmo en manos separadas antes de comenzar. Entonces los alumnos realizarán este ejercicio, o bien en una mesa o en la propia guitarra, donde cada mano percute un ritmo diferente:

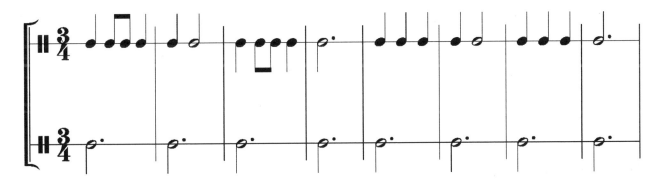

[15] Es recomendable empezar por la melodía, puesto que la carga afectiva y estética se encuentra en la línea melódica y los alumnos preferirán siempre empezar por este elemento. Además, la melodía le aportará orden al trabajo por frases, necesario para que el avance sea progresivo.

[16] Esta división es efectiva puesto que aquello que tiene un sentido melódico es susceptible de aprenderse más fácilmente. Para alumnos con mayor dificultad para el aprendizaje siempre se podrá dividir el trabajo en motivos de dos compases.

Podremos llevar esta polirritmia entre ambas manos a un nivel de dificultad mayor, si por ejemplo hacemos el ritmo de la voz superior con los dedos índice y medio, y el ritmo del acompañamiento en el pulgar, todavía sin instrumento, únicamente la percusión. Una vez llevados a cabo con éxito estos ejercicios, realizaremos uno más que requerirá un mayor esfuerzo mental y que implica directamente al instrumento. Pediremos a nuestros alumnos que canten la melodía principal con el nombre de las notas a la vez que tocan sólo la línea del bajo:

Lo podremos realizar con la obra completa, aunque en el ejemplo veamos sólo dos frases. El siguiente paso será hacerlo a la inversa, es decir, cantar la línea del bajo a la vez que se toca la melodía principal. Con estos ejercicios un poco más complejos conseguiremos la lectura vertical, puesto que los alumnos deberán cantar una nota con su nombre y a veces tendrán que tocar otra de nombre diferente a la vez[17]. Si el alumnado puede conseguir buenos resultados tocando una melodía (por rudimentaria que sea) y cantar otra diferente a la vez, tendrán una mayor conciencia de toda la obra y estarán preparados para tocar todas las notas que aparecen en la partitura con la guitarra. La secuencia del ejercicio quedaría en este orden:

1. Tocar voces separadas
2. Percusión de ritmos a dos manos
3. Percusión de ritmos con los dedos
4. Tocar una voz y cantar la otra
5. Tocar la obra al completo

Es conveniente que no pasemos al siguiente paso si no está superado el anterior.

Desde el final

Con este recurso podremos solventar las dificultades técnicas de ciertos pasajes donde el alumnado encuentre mayores vicisitudes para alcanzar la destreza manual necesaria que les permita tocar

---

[17] Como ejemplo véase el segundo compás en donde se debe tocar Do y a la vez cantar Mi.

con fluidez. Para llevarlo a cabo tendremos que seleccionar un fragmento de especial exigencia técnica o bien un fragmento que resulte dificultoso para el alumnado. Los alumnos deberán tocar desde el final y añadiendo notas hasta el final, pero no tocando de derecha a izquierda sino cada vez más notas en la dirección normal de la lectura. Supongamos que tenemos este fragmento donde el alumnado encuentra dificultades para su ejecución[18]:

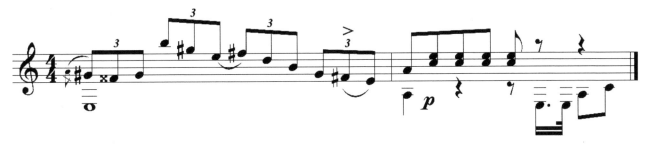

El compás donde se encuentran los tresillos podría ser un lugar donde el alumnado encuentre mayor dificultad, por lo que llegar hasta el La del primer tiempo del segundo compás con fluidez se convierte en algo a superar técnicamente. Una opción muy rudimentaria siempre ha sido la repetición hasta conseguir tocar sin errores, pero esto se nos presenta como un camino más largo y tedioso. Plantearemos entonces tocar sólo las notas a donde queremos llegar, es decir, el principio de este segundo compás:

Repetiremos varias veces, para asegurar la digitación, pero enseguida añadiremos la nota anterior puesto que tocar la octava entraña una dificultad ya superada. Siempre pediremos que toquen con el ritmo escrito:

---

[18] Este fragmento corresponde a los compases 11-12 del nocturno nº 3 op. 4 de J. K. Mertz.

Cuando esté superada esta pequeña dificultad pasaremos a añadir la siguiente nota. Respetar el ritmo escrito implicará realizar una anacrusa en el tresillo:

Cuando el alumnado tenga superado este pequeño fragmento, seguiremos añadiendo notas:

Continuaremos añadiendo notas desde atrás hasta llegar al principio de estos dos compases. Debe hacerse nota a nota, con la misma digitación siempre y evitando que añadamos notas sin estar superadas las anteriores. En un principio nos puede parecer un recurso tedioso en el que es necesario invertir mucho tiempo de clase, pero la realidad es bien distinta puesto que tan sólo tardaremos unos minutos. Esta forma de resolver pasajes técnicos es eficaz puesto que es invertir el orden de la dificultad, afianzando el lugar a donde queremos que llegue el alumnado. Para cursos superiores podremos recomendarlo como pauta de estudio, no sólo ya con fragmentos aislados sino con toda una obra.

Dramatización

Este recurso nace como necesidad de la propia práctica interpretativa, que requiere de complejos procesos psicológicos, ya que el hecho artístico necesita una interacción emocional con el público (sin que esto afecte a los movimientos técnicos para tocar la guitarra) pues la actividad musical va a desarrollarse principalmente en un escenario delante de personas, lo que podría desencadenar lo que conocemos como miedo escénico. Con este recurso realizaremos una recreación de la situación real, es decir, una escena imaginada donde los alumnos se expongan a la situación de actuar en público. En las enseñanzas regladas, así como en otros ámbitos de la formación musical, tendremos la oportunidad de realizar clases colectivas, en donde tengamos a varios guitarristas a la vez. Esta situación es ideal para practicar la dramatización de audiciones, pues tendremos los dos roles del concierto, el público y el intérprete. Es importante que podamos educar, sobre todo en niñas y niños, a nuestros alumnos para ser un buen público: estar en silencio, aplaudir en el momento que sea necesario, no salir de la sala hasta escuchar aplausos, estar concentrados en la música y respetar siempre la interpretación del artista. Para trabajar el momento de protagonismo solista del intérprete deberemos insistir en: saludar al empezar[19], sonreír, evitar empezar la interpretación si hay exceso de ruido en la sala, colocar correctamente el cuerpo y el instrumento antes de tocar y volver a saludar al público cuando haya finalizado la interpretación. En los saludos es importante que el intérprete mire hacia el público, para evitar actitudes de huida o frustración.

Es fundamental practicar la dramatización a lo largo del curso, como actividad integrada en la clase cuando algún alumno tenga afianzada cualquier obra o canción. Podríamos pensar que solo es necesario trabajar estos ejercicios en la época en la que están próximas las audiciones de alumnos, pero el control del miedo escénico necesita una asiduidad y progresión. Estos ejercicios para imaginar situaciones reales son imprescindibles para inhibir niveles de ansiedad puesto que estas escenas imaginadas son más fáciles de estructurar[20]. Evocaremos niveles de ansiedad casi idénticos a la vida real y podremos transferir los resultados. De esta manera aprenderán a relajarse en las escenas imaginadas y prepararemos al alumnado para la posterior relajación ante situaciones reales de concierto. También conseguiremos una buena puesta en escena, parte fundamental de los intérpretes.

Dictado de dinámicas

La música debe ser ante todo expresividad, y ésta ha de estar presente desde que los más pequeños empiezan a pulsar las cuerdas al aire. El control de esta pulsación es la base principal para poder tocar con matices cualquier obra o pasaje. En los primeros pasos con la guitarra es aconsejable que las melodías que se trabajen en una partitura carezcan de indicaciones de esta índole, para poder crear varias versiones posibles e ir consiguiendo la autonomía en la interpretación, aunque sea con pequeñas piezas de pocos compases. A su vez, es una manera eminentemente práctica de asimilar conceptos más teóricos, evitando una memorización carente de la materia prima con la que se construye la música: el sonido. Supongamos que para la alumna o alumno que tenemos delante hemos programado la siguiente pieza:

---

[19] Siendo una manera muy eficaz realizar el saludo integrado con la respiración, es decir, inspirar el aire e inclinar la cabeza y un poco el tronco al espirar. De esta manera también se contribuye a la relajación mediante el control de la respiración.
[20] WOLPE, Joseph. Op. cit.

Propondremos varias opciones de matices y articulación[21] que nuestro alumnado escribirá en su partitura, para así ofrecerles las herramientas para poder hacer un dictado posterior. Una vez familiarizados con los símbolos de la articulación y los matices y habiendo escuchado y tocado todas las opciones ofrecidas por el profesor, los estudiantes se encontrarán en las condiciones óptimas para el ejercicio, que simplemente consiste en la interpretación del profesor con unos determinados matices y articulación que ellos deben escuchar y escribir exactamente en su partitura con sus respectivos símbolos. Asimilar auditivamente un concepto teórico es la base de un aprendizaje significativo y útil. Para terminar el ejercicio, el alumnado interpretará la pieza exactamente con las indicaciones que ellos mismos han escrito.

La sordina

En las obras o canciones donde ya existen dos o más líneas melódicas, ya sea una melodía con un bajo que acompaña o bien un contrapunto más elaborado, el alumnado tendrá la necesidad de poner especial atención en una de las voces de la obra en cuestión, ya sea para trabajar la pulsación, la articulación, etc. El recurso es bien conocido por la gran mayoría de los profesores de guitarra y estriba en el hecho de poder anular el sonido de las cuerdas, ya sea total o parcialmente. Podremos conseguirlo con un pedazo de tela o cualquier otro material que colocaremos debajo de las cuerdas, en la zona del puente. De esta forma el sonido se volverá opaco, sin apenas resonancia y percusivo. Si tapamos la totalidad de las cuerdas es una buena manera de trabajar la memoria muscular y táctil[22], la casi ausencia de sonido nos brindará la oportunidad de centrarnos casi exclusivamente en los movimientos de las manos. Es un buen ejercicio tanto para trabajar en clase (comprobando así si nuestros alumnos tienen interiorizados los movimientos), como para indicarlo como ejercicio para casa para trabajar de forma autónoma. Cuando anulamos el sonido parcialmente, podremos prestar especial atención a las cuerdas que suenen, para aspectos como la conducción de las voces o bien la pulsación de ciertas notas dentro del discurso musical, articulaciones, etc.

Existen muchas otras maneras para asimilar los movimientos de las manos[23] como son el estudio a cámara lenta (que crea esquemas motores en el cerebro), desafinar todas las cuerdas, tocar con

---

[21] Cuanto más variado y ricos sean los ejemplos, mayores serán las herramientas que les estemos ofreciendo al alumnado.

[22] DOMÍNGUEZ, Pedro, La memorización en la interpretación guitarrística. Técnicas y estrategias para su estudio, Revista Roseta nº 11, SEG, Madrid, 2018, pp. 24-27.

[23] Ibíd.

la guitarra al revés (movimientos en la parte trasera del mástil), digitar de memoria o conocer patrones musculares familiares con el instrumento. Lo interesante de todas estas propuestas es que nos sean útiles como recurso en clase para solventar las dificultades de ciertas obras o pasajes.

Tocar sin presión

Al contrario de lo que pueda parecer en un principio, con este recurso no se trabajarán aspectos psicológicos de la interpretación. Este ejercicio está indicado para trabajar la distensión de la mano que pisa las cuerdas en el mástil. El exceso de fuerza al pisar las cuerdas puede ocasionar lesiones, además de ser un verdadero hándicap en la ejecución guitarrística fluida. Para evitar este exceso de fuerza, podremos usar un recurso también muy conocido en el mundo de la guitarra. Se trata de tocar las piezas o fragmentos sin ejercer presión en la mano que pisa las cuerdas, pero poniendo los dedos en su ubicación exacta. De esta manera las cuerdas tendrán un sonido parecido al pizzicato en las notas que no se toquen al aire. El resultado sonoro no siempre será agradable y desconcertará al alumnado pues solo sonarán las cuerdas al aire. La primera reacción casi involuntaria será presionar las notas para que suenen y el resultado musical sea óptimo. Por lo tanto, se nos presenta como un ejercicio excelente para el control de la fuerza de esta mano y la concentración. Además de la disminución de la cantidad de fuerza aplicada al pisar las cuerdas, esto tendrá como consecuencia la relajación de toda la mano, por lo que los cambios de posición, desplazamientos, etc., se desarrollarán sin tensión al encadenar todos los movimientos necesarios. Si además se trabaja de esta manera tocando de memoria, estaremos contribuyendo enormemente a la memoria muscular y táctil, asociando, a su vez (y grabándolo por tanto en el cerebro), la distensión de la mano a las de la obra y a los movimientos concretos de los dedos.

SUPUESTOS PRÁCTICOS

En esta sección se propondrán seis supuestos prácticos con posibles perfiles de alumnos y alumnas, desarrollando las clases según la metodología descrita en capítulos anteriores. Cada caso corresponderá a un nivel de dificultad diferente, y cada uno está dividido en un número determinado de sesiones o clases[24], para así facilitar el desarrollo de todos los procedimientos y la obtención de todos los objetivos especificados al principio. Todos los nombres, perfiles de personalidad y/o descripciones son ficticios, creados para la recreación de situaciones reales en las aulas, a partir de la metodología y mi propia experiencia como docente. No es posible plasmar en un libro todos los perfiles de alumnos existentes pues cada persona es diferente, con unas necesidades e inquietudes diferentes, por lo que se describen situaciones de manera general para que así se puedan adaptar al mayor número de alumnos posibles, teniendo en cuenta que siempre será el profesor el que tenga que decidir la mejor manera de conectar con el alumnado. Estos supuestos prácticos vuelven a ser una herramienta más que aporta esta obra a la enseñanza de la guitarra, y que, por lo tanto, necesitarán de una adaptación a cada caso concreto en la realidad del aula. Después de cada clase de cada caso práctico, será fundamental la recogida de datos.

[24] Este número de clases es simplemente orientativo puesto que algunas sesiones se pueden dividir en varias, dependiendo del tiempo disponible con cada alumno y de su capacidad de asimilación.

Caso práctico n° 1

Daniel es un niño de 6 años, tiene un carácter inquieto y demuestra tener mucho interés por todo lo relacionado con la música. No conoce bien todavía el instrumento pues nunca antes ha recibido clases. Su desarrollo fisiológico está dentro de los estándares de lo que entendemos por normalidad.

Para este caso práctico usaremos el siguiente material didáctico:

– Toque de oído: *El ratón* (Edgar Willems), *Din, dan* (Edgar Willems)[25] y *Con las notas* (José Manuel González)
– Literatura instrumental: *Primeras lecturas para guitarra* (José Manuel González)

Clase 1

Tanto si la clase se desarrolla de manera individual como colectiva[26], lo primero que debemos hacer es crear un clima de confianza con una actitud cercana y divertida (pensemos que solo tiene 6 años). Tras nuestra presentación podemos empezar haciendo preguntas básicas tales como ¿has visto alguna vez una guitarra? ¿sabes cuántas cuerdas tiene? ¿cuál es su forma?, etc. Para seguidamente empezar a describir las partes de la guitarra grosso modo, sin exceso de tecnicismos[27], para un mayor acercamiento a ésta y asimilar todas sus peculiaridades como pueden ser que los sonidos de las cuerdas al aire se ordenan de grave a agudo en sentido descendente, justo al revés que la escritura musical u otros instrumentos más afines a su edad como por ejemplo una flauta de émbolo. Otras peculiaridades pueden quedar descritas en la clase como el uso de las clavijas, efectos tímbricos como armónicos, campanas, etc., o también el sentido ascendente del sonido cuando hacemos glissandos arrastrando un dedo hacia la boca sobre una cuerda cualquiera. Todo esto en un primer momento de la clase lo realizará el profesor y el alumno será un mero observador, para lo cual es necesario que, por un lado, esta demostración no dure apenas unos minutos para mantener toda la atención del alumno, y por otro, que el profesor siempre lo haga realizando una dramatización, para que sea ameno todo lo que le contamos al niño. Hay que ser conscientes de que somos casi ilusionistas que hacen que el niño descubra los secretos de la guitarra, aprovechando su capacidad de continuo asombro.

---

[25] Las dos canciones de Willems se han obtenido en WILLEMS, Edgar, «Carnets pédagogiques n° 1», *Chanson de deux à cinq notes*, Fribourg, Editions Pro Música, 1956. En este caso, hemos consultado la edición en castellano: WILLMES, Edgar, *Canciones de dos a cinco notas*, Barcelona, Pro Musica, 1997, p. 11.

[26] Entiéndase como colectiva la clase de instrumento en Enseñanzas Básicas regladas, esto es, los conservatorios, en donde la ratio suele ser de tres alumnos por cada hora.

[27] No debe confundir el docente el evitar el exceso de tecnicismos con evitar los tecnicismos, puesto que desde el principio deberemos llamar a cada cosa por su nombre real.

Una vez hecho esto, pasaremos a la acción para lo cual nos serviremos de una mesa que esté a
una altura más o menos por encima del estómago del niño cuando está de pie[28]. Usaremos la
mesa para colocar la guitarra tumbada encima. Al tener la guitarra delante y sin ninguna preocupación por sujetarla de alguna forma, aumentamos el contacto visual que el alumno tiene con
su instrumento y con sus propias manos.

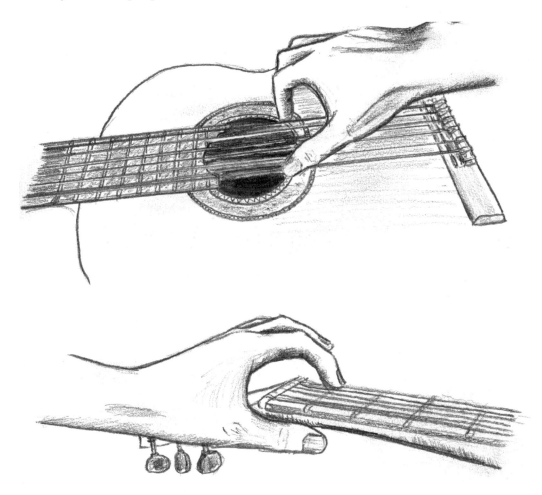

Daniel es inquieto y tiene mucho interés por lo que enseguida querrá coger la guitarra y ponerse
a tocar sin demasiada atención por la posición exacta de las manos ni qué cuerda tocar, por lo
que debemos conseguir que sea paciente y esté relajado de la mejor manera posible, que es con
nuestro ejemplo, es decir, contagiándole nuestra propia paciencia y relajación. Una vez conseguido esto, le diremos que ponga atención a nuestra mano que pulsa las cuerdas[29] y tocaremos

[28] Véase el recurso «Tumbamos la guitarra» dentro del capítulo dedicado a los procedimientos.
[29] En un número elevado de ocasiones la mano que pulsa las cuerdas será la derecha, pero puede ser que el profesor sea zurdo
y toque con la guitarra hacia el otro lado, o bien que el zurdo sea el alumno. En estos casos en los que alumno y profesor tienen
una lateralidad diferente, el docente debe adaptarse a la situación de su alumno y tocar con la misma mano que lo hace éste.

unos segundos la primera cuerda al aire alternando los dedos índice y medio para que vea el movimiento. Justo después le pediremos que nos imite. Seguidamente, haremos lo mismo en la segunda cuerda, después en la tercera y así sucesivamente hasta completar todas las cuerdas (la pulsación será i-m también en los bordones). Para un trabajo un poco más consciente es necesario el aprendizaje del nombre de las cuerdas al aire, es decir, qué nota es cada cuerda. Para asociar el nombre de la nota a su cuerda correspondiente y a su sonido a la vez que la memoriza, debemos cantar y tocar para posteriormente hacer que cante la siguiente cantinela, aparecida anteriormente en el apartado de los procedimientos[30]:

Mi   Mi   es - ta   cuer - daes   Mi_____

Insistiremos en la alternancia de dedos y en la precisión rítmica, alejándonos de la severidad y el regaño, pero nunca dando por bueno el ejercicio o pasar a otra actividad si no existe precisión o alternancia. Realizaremos la misma cantinela con el nombre de todas las cuerdas para ir así memorizándolas, a la vez que contribuimos a la sensación de pulsar las cuerdas con sus diferentes grosores y ubicación. Siempre habrá que comprobar si nuestro alumno ha memorizado bien cada nota y sabe localizarlas con rapidez[31]. Podremos entonces escribir en una hoja el número de cada cuerda (con su nomenclatura habitual, es decir, el número rodeado de un círculo) junto al nombre de la nota, hoja que se llevará a casa al finalizar la sesión. Esta asimilación de las cuerdas al aire nos ocupará bastantes minutos de la clase, pues hemos de estar seguros de que todo queda bien asimilado ya que al finalizar la clase le pediremos al niño que repita lo mismo en casa. La autonomía del alumno la conseguiremos con altas dosis de motivación intrínseca[32] y estando al 100% seguros de que ha comprendido y memorizado todo lo que se ha explicado en clase.

Una vez asimilada la posición de la mano que pulsa las cuerdas, pasaremos a implicar a la mano encargada de pisar en los trastes. Podremos probar a realizar varios glissandos que seguidamente imitará nuestro alumno, y también a comprobar que cada traste corresponde a un sonido diferente, sin la necesidad todavía de ponerle nombre. Como se trata de un niño muy pequeño y con un carácter inquieto, tendremos que cambiar de actividad, así que será el momento idóneo para aprender la nomenclatura de los dedos. Dependiendo de la lateralidad de nuestro alumnado, designaremos los nombres de pulgar, índice, medio y anular a una mano u otra, siempre a

---

[30] Concretamente es el recurso al que hemos llamado «conoce las cuerdas».
[31] Véase el recurso «conoce las cuerdas» dentro del capítulo de los procedimientos.
[32] Entiéndase aquí como motivación intrínseca la realización del ejercicio por la mera satisfacción de hacerlo, sin necesidad de ningún incentivo externo. Para más información sobre la motivación intrínseca véase WEINER, Bernard, «An attributional theory of achievement motivation and emotion», *Psychological Review*, 92(4), pp. 548-573.

la que pulsa las cuerdas, y a la otra los números del 1 al 4. Una herramienta fácil e inmediata es dibujar sus manos en un folio en blanco y escribir los nombres sobre cada dedo. Seguidamente trabajaremos la memorización de los dedos y su nomenclatura con diferentes ejercicios[33]. Una vez memorizados también se debe trabajar la coordinación haciendo que se toquen dedos de cada mano aleatoriamente, dictados por el profesor.

Volvemos entonces a la guitarra (que sigue encima de la mesa) para aprender nuestra primera canción de oído, puesto que es la primera clase de guitarra y no hay posibilidad de ninguna lectura musical. Una de las canciones más fáciles para tocar en esta posición antiacadémica es aquella que sólo exige dos notas y una de ellas es una cuerda al aire. Un ejemplo es la titulada *El ratón*, de Edgar Willems[34]:

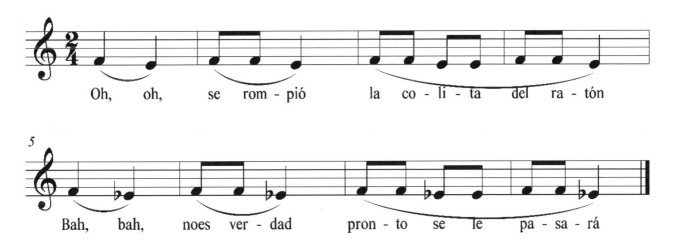

Para tocar esta canción en la guitarra en la primera clase, usaremos sólo la primera parte, es decir, los cuatro compases iniciales. Los guitarristas leeríamos esta partitura tal cual está escrita en la cuarta cuerda pisando en los trastes 3 y 2. Para nuestro alumno de 6 años, que no está viendo la partitura ni la entiende, y por lo tanto se la aprenderá de oído después de escucharla en la voz del profesor y cantarla conjuntamente, será mucho más fácil tocarla una octava alta (según la lectura normal de los guitarristas, que siempre es una octava por encima del sonido real). Así que el niño tocará esto:

[33] Consultar el recurso «Juego de dedos» recogido en el capítulo de este libro dedicado a los procedimientos.
[34] WILLEMS, Edgar, «Carnets pédagogiques nº 1»… op. cit. p. 11.

En un primer momento, (después de haberla cantado varias veces para tenerla interiorizada) será el profesor el que toque y le pedimos al alumno que ponga especial atención a la mano que pulsa las cuerdas, para instarle seguidamente a que pulse con i-m la primera cuerda realizando el ritmo de la canción. Sólo tocará con la mano que pulsa, nosotros como profesores nos encargaremos de pisar el traste número 1 de la guitarra cuando la canción así lo requiera. Es muy importante que profesor y alumno canten a la vez que tocan, con la letra de la canción. El siguiente paso será realizar la misma operación, pero con la otra mano, esto es, el profesor toca y nuestro pequeño guitarrista únicamente pone toda su atención en el movimiento del dedo 1, que sube y baja hacia el sobrepunto en el traste 1 pisando la cuerda, para después hacerlo exactamente igual. Este planteamiento de manos separadas es fundamental para deshacer la dificultad que tiene la coordinación en nuestro instrumento. Una vez bien asimilado cada movimiento por separado llega el momento de tocar con ambas manos, que realizaremos también siempre usando el canto como ayuda para la fluidez de la interpretación. Debemos cantar también la canción con el nombre de las notas, para reforzar así que la primera cuerda se llama Mi y aprender que el primer traste de la primera cuerda se llama Fa. Puede parecer algo demasiado sencillo, pero para un niño de 6 años, con su capacidad de atención y su motricidad, no lo es tanto. Realizar una canción con dos notas puede parecer a todas luces un ejercicio fácilmente superable, pudiendo estar tentados de adentrarnos en otros ejercicios que requieran mayor esfuerzo en la motricidad fina, pero la inmediatez de la recompensa musical, es decir, que su esfuerzo tenga efectos palpables en una sola clase, es para un niño un buen generador de motivación. Los ejercicios que requieran resultados a más largo plazo los usaremos más adelante, cuando el niño haya asimilado todas las características del instrumento y tenga un poco más de autonomía. Además, usar una canción con sentido melódico (por sencilla que nos parezca) con su consiguiente carga emocional, será mucho más beneficioso y motivador que esos ejercicios de cuerdas al aire que aparecen en la mayoría de los libros (métodos) para aprender a tocar la guitarra.

Una vez aprendido el nombre de las cuerdas al aire, el nombre de los dedos de cada mano y haber tocado una primera canción, ya podremos trabajar la creatividad con la improvisación usando todos los elementos que ya conoce, basándonos en la premisa básica del orden de aprendizaje de cualquier lenguaje: escuchar-reproducir-inventar[35]. Para la improvisación en una primera clase debemos estar desprovistos de prejuicios, siendo conscientes de que las primeras improvisaciones serán de carácter libre, siguiendo alguna pauta[36] que el profesor dará. Para la pulsación de las cuerdas al aire realizaremos un dictado rítmico en una cuerda cualquiera, teniendo que imitar el niño un ritmo que toquemos para que posteriormente, una vez nutrido de varios ejemplos, el niño invente ritmos diferentes y sea el profesor quien tenga que reproducirlos. También se podrán

[35] WILLEMS, Edgar, *El valor humano…* op. cit. pp. 35-37.
[36] Para ejemplos concretos de pautas o consignas para la improvisación véase el anexo de música sin partitura al final de este libro.

improvisar ritmos pasando un dedo por todas las cuerdas al aire, de la misma manera que con alguna cuerda sola, primero reproduciendo y posteriormente inventando. No tendrá que ser un ritmo dentro de un compás, ni de una cuadratura, simplemente un ritmo, sea breve o largo, fuerte o piano, regular o irregular, etc. Lo importante es la motivación para crear algo que no existe trabajando a su vez la pulsación. Para coordinar ambas manos podremos realizar invenciones con las notas que han aparecido en la canción *El ratón*, siguiendo el mismo esquema (escuchar-reproducir-inventar). Existen varias formas. Por un lado, podremos cantar y tocar una melodía (únicamente con esas dos notas) y que nuestro pequeño guitarrista las reproduzca de la misma manera. Si comprobamos que esto funciona perfectamente, entonces tocaremos sin cantar las notas para que el niño las repita. El autodictado es una herramienta con la que comprobaremos el nivel de conciencia a la par que es un mecanismo de control de la propia afinación del niño cuando canta. Esto implica que nuestro alumno canta un motivo (con las dos notas de *El ratón*) y seguidamente tendrá que tocarlo exactamente igual con su instrumento, con el mismo tempo, carácter, volumen, etc. Para un mayor avance y despliegue de creatividad podremos realizar un ejercicio de pregunta-respuesta, en donde el profesor inventa un pequeño motivo (sólo tocando) y nuestro alumno toca una respuesta, que en un primer momento no tendrá por qué tener un compás definido ni ajustarse a la cuadratura, aunque sí que habrá que tender a ello a lo largo del curso.

De este modo, Daniel habrá trabajado diferentes partes de la clase por las que apuesta nuestra metodología ya que la técnica estará presente en la asimilación de las partes de la guitarra, el aprendizaje de la nomenclatura de los dedos, la pulsación con i-m en todas las cuerdas, la coordinación de ambas manos y la memorización. El toque de oído estará presente en las cantinelas para aprenderse el nombre de las notas y la canción *El ratón*, y la improvisación quedará patente en las invenciones rítmicas (ya sea en todas las cuerdas, o bien cuerda por cuerda) como en las invenciones melódicas con dos notas. El apartado dedicado a la lectura lo reservamos para próximas sesiones, puesto que, en la primera clase, Daniel no estará familiarizado ni con el pentagrama ni probablemente con el orden de los sonidos, los dos pilares fundamentales para iniciarse en la lectura musical. Además, siguiendo un paralelismo con el aprendizaje de un lenguaje (en nuestro caso el musical-guitarrístico) acotándonos a la manera de aprender una lengua materna, nunca podremos empezar a tocar a la par que estamos aprendiendo la escritura. En el aprendizaje de la guitarra hemos de buscar el paralelismo con el aprendizaje de la lengua materna, de manera que cuando el niño lea, por ejemplo, en una partitura, las tres primeras notas de la primera cuerda (Mi-Fa-Sol), ya tenga asimilada su ubicación en la guitarra y haya podido tocarlas anteriormente en canciones aprendidas de oído e improvisaciones.

Un punto muy importante antes de despedirnos será indicar muy claramente la necesidad de práctica en casa, para conseguir poco a poco su autonomía. Si todo queda escrito en una hoja de trabajo para que el niño (o algún adulto que le ayude) pueda releer en casa todo lo que ha de hacer y recordar mejor todo lo que ha realizado en clase, su avance será aún más positivo.

En resumen, en esta primera clase hemos trabajado:

– Presentación de las partes de la guitarra
– Nombre de las cuerdas al aire
– Nomenclatura de los dedos
– Improvisación rítmica con cuerdas al aire
– Improvisación melódica con las notas Fa y Mi de la primera cuerda
– Canción *El ratón*

Clase 2

Han pasado unos días desde la primera clase con Daniel, por lo que es probable que haya practicado en casa en esos días. En los primeros instantes de nuestra clase, recordaremos las principales partes del instrumento para comprobar si han quedado memorizadas. Actuaremos de la misma manera para recordar el nombre de cada cuerda y su ubicación y pulsación (todavía con la guitarra sobre la mesa), cantando las cantinelas del primer día, haciendo dictados de notas con la voz para que nuestro pequeño guitarrista las busque en las cuerdas al aire. También repasaremos en esta posición la canción del ratón, para afianzar la coordinación de ambas manos. Como Daniel es un niño que demuestra mucho interés y tiene facilidad para asimilar la técnica de la guitarra, una vez cantada y tocada la canción del ratón con la guitarra en posición horizontal, pasaremos a la posición estándar que usan los guitarristas clásicos. Resaltamos aquí de nuevo que nuestro alumno tiene un carácter inquieto por lo que no es tarea fácil que adopte una posición adecuada. Usaremos un ergoplay adaptado a su tamaño, evitando así torsiones o desequilibrio de la cintura escapular[37]. Al haber practicado la pulsación de manera más consciente, con mayor contacto visual con la guitarra en horizontal, al tocar con la guitarra en la posición estándar comprobamos como la mano quedará bien colocada casi sin correcciones de nuestra parte. Ya en esta posición realizamos las mismas canciones (cantinelas con el nombre de la nota de cada cuerda y *El ratón*). Daniel tendrá menos contacto visual con sus manos a la hora de coordinarlas, pero la memoria motriz lo suplirá casi sin esfuerzo, debido a que no hay prácticamente diferencia en la sensación muscular de los dedos tocando con el instrumento en una posición o en otra (estándar o tumbada), y estará presente la memoria del movimiento de los dedos cuando el contacto visual era mayor (guitarra tumbada). Como ejercicio de ampliación y para fomentar la imaginación y creatividad, podremos realizar el transporte de la canción *El ratón*, con el mismo movimiento, en todas las cuerdas, dándole un carácter diferente cada vez. Para evitar el exceso de información en una misma clase, sólo cantaremos con el nombre de las notas la canción en la primera cuerda, pasando a cantarla con la letra en las demás cuerdas, a la vez que se canta (dejaremos el nombre de las notas en las restantes cuerdas para próximas sesiones). Lo más importante para el docente es estar atento para que, aparte de que los dedos se coordinen y se coloquen bien, la posición no

---

[37] SARDÁ, Esther, *En forma: ejercicios para músicos*, Barcelona, Paidós Ibérica, 2003, p. 56.

se desequilibre al tocar. Esto suele ocurrir cuando nuestros alumnos realizan ejercicios o melodías en los que ponen especial atención e intentan recolocar el instrumento para poder ver bien las cuerdas y los dedos. Igualmente importante es poder acompañar con acordes simples, ya sea en la versión original o en los transportes, para que el alumno se vaya impregnando de la profundidad armónica y la forma de la canción.

Una vez comprobado que Daniel es capaz de tocar todos los ejercicios y las canciones del día anterior en la posición estándar de la guitarra procederemos a enseñarle otra nota en la guitarra, en este caso la nota Sol. Para ello podemos utilizar como toque de oído la canción *Din dan*[38], que usará el mismo ritmo de la canción *El ratón* y con la misma exigencia técnica, que en este caso se realizará pisando y levantando el dedo 3.

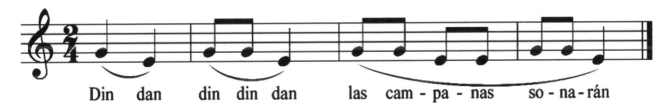

En esta canción, nuestro alumno tocará en la primera cuerda, puesto que la aprenderá de oído y estaremos aprendiendo las notas de esta cuerda. Por lo tanto, una versión escrita para guitarra en una 8ª por encima. En un principio podemos proceder de igual modo que con la canción anterior, es decir, enseñarla con manos separadas, siempre cantando (con letra y notas). Cuando nuestro alumno tenga la canción asimilada, le pediremos que cante las notas en su mente a la vez que toca, para así trabajar la audición interior y la memoria musical. Podremos igualmente transportarla atendiendo tan solo al movimiento de los dedos, es decir, sin la consciencia de las notas que intervienen en cada cuerda.

Llegados a este punto, tendremos a nuestro alumno sentado en una posición correcta en consonancia con las características del instrumento y con tres notas de la primera cuerda aprendidas (Mi, Fa y Sol) con los dedos 1, 2 y 3 o bien 4[39]. Luego ya tenemos material suficiente para poder

---

[38] WILLEMS, Edgar, «Carnets pédagogiques nº 1»... op. cit. En este caso se ha consultado la edición en castellano: *Canciones de dos a cinco notas*, Barcelona, Éditions Pro Música, 1997, p. 11.

[39] Según mi propia experiencia los niños y niñas con 6-7 años que empiezan a tocar el instrumento tienen mejor posición y menos tensión de la mano cuando se pisa desde el principio con el dedo 4 en el traste 3 de las primeras cuerdas. En un principio podemos pensar que para un alumnado de esta edad es más fácil asimilar que cada traste tiene un dedo asignado, es decir, el traste 1 para el dedo 1, el traste 2 para el dedo 2 y así sucesivamente, pero esto es más una concepción mental del adulto. Para un niño será más fácil lo que físicamente le suponga menos esfuerzo y en este caso, salvo alumnos puntuales, la digitación con el dedo 4 mantendrá la mano un poco más cerrada, lo que facilita la relajación. También se puede comprobar que al ejercitar la precisión desde el principio con el dedo 4, la precisión al pisar cuando utilicemos el dedo 3 se conseguirá antes y con menor esfuerzo.

improvisar melodías con cuadratura. Un primer paso es realizar un dictado de notas: el profesor canta y nuestro alumno las repite en el instrumento. También se puede hacer en autodictado, y finalmente pasar al esquema de pregunta-respuesta en donde el profesor inventa una pregunta y el alumno inventa una respuesta. Para que nuestro pequeño guitarrista vaya asimilando la cuadratura y tener así una estructura básica para la improvisación, le pediremos que él mismo haga el esquema completo: pregunta-respuesta no conclusiva-pregunta-respuesta conclusiva. Si dejamos total libertad al alumno veremos que la cuadratura será desigual porque lo más probable es que no haya asentado ningún compás de base y que la pregunta o la respuesta·tengan mucha diferencia de tamaño, siendo unas marcadamente más largas que otras, o bien, que no se diferencien la pregunta y la respuesta por ausencia de la pausa necesaria. Para ayudar a esta asimilación de la forma, daremos pautas al pequeño Daniel y lo acompañaremos con nuestra guitarra. Una forma sencilla es dar una primera pauta: tanto el principio como el final de la improvisación nunca debe ser la nota Fa. De esta manera podremos realizar un acompañamiento para que la improvisación quede en la tonalidad de Do Mayor[40]. El profesor entonces acompaña con las principales funciones tonales de Do Mayor, en acordes sencillos para poder estar siempre atento a lo que realiza nuestro alumno. Un ejemplo de cuadratura sencilla puede ser la cadencia I-V-V-I con los acordes en arpegios:

El compás para las primeras invenciones melódicas es el de cuatro porque suele ser el que mejor asimilado tienen los pequeños[41], al estar muchas de las canciones infantiles que conocen en este compás. No obstante, el compás puede ser cualquier otro puesto que nuestro alumno lo escuchará y se impregnará de éste, sintiendo el pulso y el primer tiempo del compás, siendo más una sensación física que un concepto métrico abstracto. Este esquema respondería tan solo a la pregunta-respuesta, teniendo como motivo dos compases, por lo que para el esquema de la cuadratura completa usaremos dos veces esta cadencia: I-V-V-I-I-V-V-I. Existen muchas posibilidades para las cadencias, y podremos introducir la subdominante dentro de nuestro acompañamiento. Una cadencia que permite la aparición del cuarto grado es la *Cadencia italiana*[42], siendo los grados usados: I-I-V-I-IV-I (o bien I6-4)-V-I. Esta cadencia aportará mayor riqueza armónica

[40] Podríamos empezar en Fa si tuviéramos un motivo generador en anacrusa, aunque esto es desaconsejable en una segunda clase, siendo mucho más claro los principios téticos.
[41] Esto sucede sobre todo en nuestra cultura occidental. Evidentemente en otras culturas podremos empezar por compases más afines al mundo interior de cada individuo.
[42] CHAPUIS, Jacques, *Elementos de solfeo y armonía del lenguaje musical*, Friburgo, Éditions Pro Musica, 1995, pp. 69-71. Para la versión guitarrística véase el anexo de música sin partitura.

en el acompañamiento a la vez que arroja luz sobre la forma. El alumno sentirá la conclusión en la segunda parte al escuchar acordes diferentes como la subdominante o la inversión del acorde de tónica con función de dominante. Al ser los motivos de dos compases, y para ayudar a la impregnación de la forma e intuir donde está límite de cada motivo debemos terminar con notas largas cada uno de ellos. Cuando trabajemos la improvisación con acompañamiento, el profesor debe dar siempre algún ejemplo para así invitar a los alumnos a participar. Si acompañamos con las cadencias, entonces tenemos dos posibilidades: una es inventar melodías de manera instrumental con su acompañamiento, es decir, crear pequeñas piezas que se ajusten a esta forma. Si no disponemos aún de la habilidad de crear melodías con acompañamiento con fluidez, existe una segunda manera de realizar el ejemplo, que será acompañarnos con acordes en la guitarra a la vez que cantamos, inventando melodías. En este segundo caso tendremos que especificar al pequeño guitarrista que él debe realizar con el instrumento lo que nosotros hemos hecho con la voz. La mirada, el gesto y el fraseo son fundamentales cuando el profesor acompaña y el alumno inventa, puesto que los usaremos como guía para dirigir al alumnado. Terminar la clase con una pequeña sesión de improvisación es más que recomendable, puesto que es una actividad que suele ser bien recibida por prácticamente la totalidad del alumnado y que será fuente de alegría y motivación si el profesor participa también con alegría y motivación.

En resumen, en esta segunda clase hemos trabajado:

– Posición del instrumento
– Nombre de las cuerdas al aire
– Canción *El ratón*
– Canción *Din, dan*
– Improvisación con las tres primeras notas de la primera cuerda

Clase 3

En esta tercera sesión con Daniel, iremos avanzando en el conocimiento de las cuerdas y sus respectivas notas. Desde este instante ya siempre tocaremos con la guitarra en la posición estándar[43], repasando los contenidos de las clases anteriores para favorecer su asimilación y memorización así como para usarlos de calentamiento para los nuevos ejercicios o canciones. Una vez tocadas y cantadas (con letra y con notas) las canciones *El ratón* y *Din dan*, procederemos a transportarlas de una manera un poco más consciente. Para ello, recordaremos en primer lugar el transporte sin conciencia del nombre de las notas, esto es, tocar cantando la canción con su texto. El primer transporte será trasladar las canciones a la segunda cuerda. Una vez visto que el movimiento de los dedos es exactamente el mismo, procedemos a tocar cantando el nombre de las notas, en este

[43] Puede ser que se presente el caso en donde el alumno o alumna tenga dificultades de aprendizaje o de movimiento, para lo cual se realizará una adaptación curricular y se valorará la necesidad de aumentar el número de sesiones con la posición en horizontal.

caso Si y Do (para *El ratón*) o bien Si y Re (para *Din dan*). La manera de enseñar estas notas puede ser con manos separadas, igual que en clases anteriores, aunque podremos suprimir este paso al tratarse de los mismos movimientos de los dedos. Cantamos entonces las canciones con el nombre de las notas en segunda cuerda a la vez que se toca para asociar la ubicación, el sonido y el nombre. Seguidamente dejamos que nuestro pequeño guitarrista toque, pero cantando mentalmente las notas, para seguir insistiendo en su proceso de adquisición de audición interior. Una vez asimiladas las nuevas notas, nos encontramos con una ampliación de los recursos para poder improvisar. Se puede repetir el mismo proceso que en la clase anterior con las notas Si, Do y Re y usar las mismas cadencias transportadas a la tonalidad de Sol mayor. Otra opción será realizar la improvisación con las cadencias en Do mayor, sólo que esta vez nuestro alumno tiene más notas posibles a su disposición (Si, Do, Re, Mi, Fa y Sol) aprendidas en esta clase y en la anterior. Esto permite invenciones melódicas mucho más ricas. Hay que tener la precaución de dar una pauta a seguir, que será la obligación de empezar y acabar en la nota Do para que se produzcan melodías tonales. Es evidente que, tanto para el principio como para el final, es posible utilizar otras notas del acorde de tónica, como pueden ser Mi o Sol, pero esto conllevaría una explicación más abstracta y mental que en este punto del aprendizaje no es necesaria ni práctica. Es más que probable que en los finales de los motivos con notas largas, la nota final a veces no coincida con alguna nota del acorde que acompaña el profesor, pero no le otorgaremos demasiada importancia a este «error» (a no ser que se trate del último motivo) puesto que a medida que Daniel improvisa va adquiriendo una intuición melódica y también armónica que le ayuda a evitar notas disonantes en los finales de frase.

Puesto que Daniel ya conoce las notas naturales en primera posición de las dos primeras cuerdas, podremos trabajar también una nueva canción que implique la mezcla de tres notas de una cuerda. Gracias a las invenciones melódicas realizadas, los movimientos necesarios para tocar la siguiente canción ya están asimilados, así como las notas que intervienen, por lo que en este caso la improvisación nos sirve como preparación a la canción que vamos a presentar. Para mezclar las tres notas de la primera cuerda usaremos la canción *Con las notas* para el toque de oído, compuesta precisamente con ese objetivo guitarrístico:

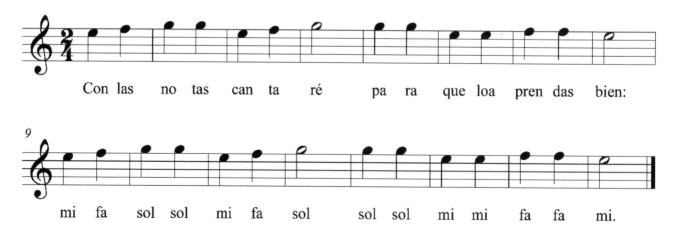

En esta tercera clase todavía nos dedicamos casi exclusivamente a la música sin soporte escrito, ya que hasta ahora todavía no se han trabajado partituras en la clase de instrumento, con el objetivo de poder dar un margen de tiempo para que nuestro alumno pueda aprender las primeras nociones de lectura en la clase de solfeo. La manera de enseñar esta nueva canción será la misma que con las anteriores, siempre teniendo en cuenta que la música debe estar llena de expresividad, carácter, matices…:

– Cantarla varias veces, con letra, con notas, de forma vocalizada… hasta memorizar
– Tocar por motivos con manos separadas con la ayuda del profesor
– Tocar a manos juntas por motivos
– Tocar completa a manos juntas, cantando y también en audición interior.

En este caso práctico hemos descrito a Daniel como un niño con mucho interés por aprender. Puesto que no le falta motivación podremos ir introduciendo la lectura con la guitarra, que también será posible porque nos encontramos en la tercera sesión y ya ha adquirido en la clase de lenguaje musical los conocimientos básicos para descifrar las notas en el pentagrama[44]. En este momento del aprendizaje, nuestro alumno ya ha adquirido unas habilidades básicas y ha asimilado la ubicación y movimientos necesarios para que suenen ciertas notas en el instrumento. Las lecturas tendrán por lo tanto las notas que ya están superadas gracias al toque de oído (las canciones) y a la improvisación. Como la lectura musical se mueve en dos ejes, el horizontal y el vertical[45], trataremos en un principio de centrarnos en el eje vertical, facilitando la horizontalidad al prescindir del ritmo. Para ello usaremos lecturas en redondas para centrarnos en asociar la ubicación en el pentagrama del símbolo (la nota) con la ubicación en el mástil. Una primera lectura será aquella que usa las notas de la primera canción aprendida, que en nuestro caso será *El ratón*, con las notas Mi y Fa de la primera cuerda:

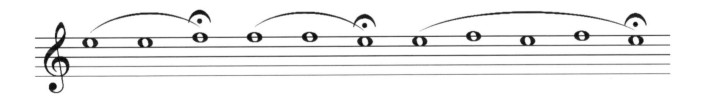

---

[44] Por las características de nuestro instrumento, hemos empezado con las notas de la primera cuerda lo que implica un primer conocimiento de las notas agudas en el pentagrama. Es necesario entonces coordinación con el profesorado de lenguaje musical para que los contenidos estén relacionados, y la clase de guitarra se convierta en el lugar donde experimentar lo aprendido en solfeo.
[45] GALERA, María del Mar y TEJADA, Jesús: «Lectura musical y procesos cognitivos implicados», Revista electrónica de LEEME, nº 29, 2012, pp. 63-64.

Usaremos este tipo de lecturas hasta que comprobemos que la localización vertical de las notas naturales en primera posición de las tres primeras cuerdas está superada. De este modo evitamos la dificultad añadida del ritmo, que abordaremos en lecturas posteriores. La manera de trabajar dependerá de cada alumno, ya que podremos saltarnos algún paso si no fuera necesario, pero enumeramos aquí los pasos a seguir con este tipo de lecturas para desglosar las dificultades que se puedan ir presentando. Aunque nuestro alumno sea inteligente siempre será mejor abordar cada pieza de manera progresiva, e ir paso a paso, que tener que retroceder un paso anterior al comprobar que no puede conseguir el objetivo con soltura y fluidez. Por lo tanto, una manera de enseñar la partitura en la guitarra será la siguiente:

1. El profesor toca y nuestro alumno escucha siguiendo las notas con la vista.
2. El profesor toca y el alumno canta de manera vocalizada la melodía con algún vocablo: «lu», «pam», etc.
3. Realizamos un análisis del movimiento sonoro, señalando nota a nota y nuestro alumno va diciendo «sube», «baja» o «se queda» en función de la nota anterior[46].
4. Nombramos la primera nota (Mi) y a partir de ahí el alumno va diciendo el nombre de cada nota en función de si sube, baja o se mantiene con respecto a la nota anterior. Insistiremos en las paradas del calderón.
5. El profesor toca la lectura y el alumno canta simultáneamente con el nombre de las notas.
6. Se le pregunta al alumno qué notas aparecen a modo de síntesis y hacemos que las toque en la guitarra.
7. Breve dictado con las notas de la partitura.
8. El alumno toca lo que está escrito, sin mirar sus manos y con toda su atención puesta en la lectura musical.

Es muy importante evitar pasar al siguiente paso si no está totalmente superado el paso en el que estamos insistiendo en ese momento, para no ir arrastrando carencias que en un principio podemos pensar que irán superándose a medida que avanza el curso académico. La manera de programar las lecturas para clases posteriores será progresiva, al igual que con las canciones, es decir, que en un principio se presentan lecturas donde aparece una nota nueva, seguidamente se mezclan las notas de una sola cuerda y así avanzamos cuerda por cuerda en las tres primeras. Luego presentaremos lecturas que tengan notas con mezcla de cuerdas, también de manera progresiva. Evitar saltos en la dificultad, ya sea motriz o comprensiva, es necesario para mantener siempre la motivación del alumnado al no encontrarse con la sensación de que algo es demasiado difícil o requiere de más esfuerzo del que desean emplear para conseguir un resultado óptimo. No

---

[46] Esto es fundamental para la automatización del orden de las notas y la lectura relativa que facilitará el transporte más consciente en cursos posteriores. Saber qué nota hay encima o debajo de cualquier otra nota es un principio fundamental para la fluidez de la lectura, antes incluso de enfrentarse a la música escrita, por eso es fundamental realizar ejercicios de ordenamientos orales, tanto en la clase de lenguaje musical como en la de guitarra. Véase WILLMES, Edgar, *El valor humano…*, op. cit., p. 109.

se trata de hacer apología del mínimo esfuerzo sino más bien al contrario, de establecer la idea de que con esfuerzo (que irá en aumento) se pueden conseguir resultados musicales de calidad, aunque sea en niveles iniciales, como es este caso.

En resumen, en esta tercera clase hemos trabajado:

– Canción *El ratón* y transporte a segunda cuerda
– Canción *Din, dan* y transporte a segunda cuerda
– Canción *Con las notas*
– Improvisación con las primeras notas de la primera y segunda cuerda
– Lectura sin ritmo con dos notas en primera cuerda

Caso práctico nº 2

Claudia es una niña de 8 años, con conocimientos musicales previos puesto que ha realizado cursos de iniciación y también se encuentra actualmente estudiando el primer curso de lenguaje musical a la vez que la guitarra. Motrizmente es muy hábil, por lo que puede tocar piezas un poco más exigentes de técnica. Es tímida y le cuesta la expresividad, tanto en la música como fuera de ella. Está a mitad del curso académico.

Para este caso práctico usaremos el siguiente material didáctico:

– Toque de oído: *El vito* (Popular)[47]
– Literatura instrumental: *Paseo andaluz* (José Manuel González)
– Lectura a vista: *Danza antigua* (José Manuel González)
– Improvisación: Armonización de las escalas de La menor y cadencia frigia

Clase 1

Nos encontramos en la primera clase de este caso práctico, pero no será la primera clase del curso académico de Claudia, ya que en esta situación hipotética el curso académico se encuentra a la mitad. Será entonces, la primera clase de una nueva pieza que vamos a abordar con ella, para así trabajar diferentes aspectos musicales como son la improvisación, la técnica y el toque de oído[48]. Para empezar la clase vamos a trabajar con una canción de oído[49] en la que no sea necesario tener

---

[47] Usamos aquí la versión más conocida, recogida en DE ÁGUILA, Juan, *Las canciones del pueblo español*, Unión Musical Española, 1960, p. 44.
[48] De esta forma trabajaremos todas las partes de la clase que abarca la metodología, donde se trabaja tanto la partitura como la música sin soporte escrito pasando por la improvisación y el trabajo técnico específico.
[49] En este caso empezamos por el toque de oído para preparar la partitura que será del mismo estilo, pero en otros casos

ninguna partitura delante y eso nos ayude a introducir a nuestra alumna en el ambiente de la clase, en el estilo, en la técnica necesaria y en las escalas y acordes necesarios para una posterior improvisación. También aparecerán en la pieza escrita que trabajaremos con ella. El estilo que vamos a presentar es la música andaluza, donde estará presente la característica cadencia frigia, para lo cual usaremos una canción popular perteneciente al folclore andaluz, *El vito*:

podremos empezar por otras partes de la clase como puede ser la improvisación o la propia partitura o bien alguna obra más fácil como lectura a vista.

Presentar una canción a una alumna o alumno es un momento muy importante, que puede ser determinante para la motivación y la receptividad. El arte de saber «vender» una canción puede ser un punto de inflexión para que, en este caso, nuestra alumna Claudia tenga interés por tocar la pieza y estudiarla de manera autónoma en casa. En esta presentación primeramente se toca la pieza y se canta con la letra. El profesor puede usar el siguiente acompañamiento para cantar la canción:

Dentro de esta presentación habrá que explicar un poco la canción sin extendernos demasiado en explicaciones teóricas, pues no se trata de dar un discurso sobre la canción sino más bien orientar y predisponer a la alumna. Lo básico será hacer alusión al título y su causa y la explicación de la letra. A partir de ese momento la cantaremos varias veces con nuestra alumna hasta que la tenga interiorizada. Para conseguir esta interiorización será necesario cantar con la letra, solo tarareando, con las notas musicales y también palmeando el ritmo de la canción, todo esto antes de que Claudia haya tocado ni una sola nota en su guitarra[50]. Para preparar técnicamente esta canción

---

[50] Todos estos pasos previos serán necesarios siempre que la alumna o el alumno no conozcan la canción previamente ni la

podemos optar por tocar las diferentes escalas de La menor (natural, armónica y melódica) y algún ordenamiento[51] con esas escalas. Un ejemplo de ejercicio de ordenamiento podría ser la bordadura, es decir, realizar cada nota de la escala con su bordadura, ya sea ascendente o descendente:

Este mismo ejercicio podrá repetirse además de con la escala natural, también con las escalas melódica y armónica. Es un ejercicio técnico que le recuerda a nuestra alumna la ubicación de las notas que intervienen en la canción. Puesto que la canción tiene cierto aire bailable y en un compás de tres corcheas, será conveniente realizar el ejercicio anterior con ese compás. Los ejercicios de ordenamientos nos servirán entonces como calentamiento y preparación técnica para la canción (en este caso) o partitura que vayamos a trabajar por lo que una manera de crear ejercicios de ordenamientos siempre diferentes es relacionarlos directamente con la canción, haciendo del primer giro melódico el leitmotiv generador del ejercicio de ordenamiento. Si el principio de la canción es así:

con   el   vi - to   vi - to

hayan cantado nunca. El alumnado que ya haya trabajado esta canción de forma oral en otras asignaturas necesitará menos tiempo de preparación, aunque sí que es recomendable realizar todo el trabajo previo antes de tocar para afianzar la tonalidad, el ritmo, el compás, etc.

[51] Para un estudio detallado de ordenamientos véase CHAPUIS, Jacques, *Motifs d'ordonnances pour solfège et piano. Education musicale et instrumentale,* Willems, Friburgo, Editions Pro Música, 1990.

Podremos crear entonces un ordenamiento con la escala de la menor que sea así:

O bien si queremos añadir la anacrusa:

Partiendo de la base de que se trata al principio de una nota repetida y la inmediata inferior. Como estos modelos, pueden existir multitud de variantes, lo que nos brindará infinidad de posibilidades para inventar ejercicios nuevos que trabajen el mismo principio técnico. Un buen ejercicio para trabajar también la improvisación será el requerir al alumnado que invente ritmos nuevos con estos ejercicios o bien otros ejercicios de ordenamientos derivados del primero. Tanto para la improvisación como para los ejercicios de ordenamientos, siempre debemos acompañar con nuestra guitarra al alumnado para que éste se vaya impregnando de las armonías que en cursos posteriores deberán realizar. Un ejemplo muy sencillo de armonización[52] para la escala de la menor natural y todos los ejercicios derivados de ésta podrá ser el siguiente:

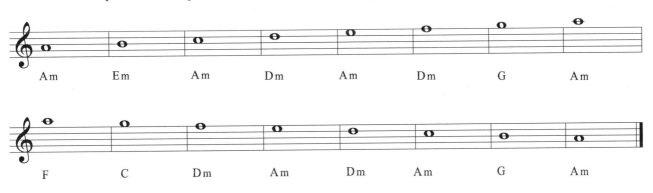

Una vez realizada la presentación de la canción, así como los ejercicios de calentamiento con la guitarra, nuestra alumna podrá tocar la canción, por frases para afianzar la memorización de las notas que intervienen. En esta primera clase el objetivo de la parte de toque de oído será que Claudia pueda tocar la melodía de la canción con fluidez. Una vez conseguido este objetivo y ya habiendo trabajado la técnica y la improvisación procederemos a presentar la partitura de la pieza programada, que en el caso de Claudia será una obra con una armonía y estilo parecido:

---

[52] Para ver más ejemplos de armonizaciones de diferentes escalas véase CHAPUIS, Jacques, *Elementos de solfeo y armonía del lenguaje musical*, Friburgo, Éditions Pro Musica, 1995, pp. 83-89.

La obra que se titula *Paseo andaluz*, compuesta por el autor de este libro, evoca el mismo carácter de la música popular andaluza, por lo que la canción *El vito*, nos ha servido para introducir a nuestra alumna en el estilo y la armonía, a la vez que de preparación técnica de la mayoría de las notas que intervienen. En este caso, nuestra alumna tiene facilidad técnica, pero le falta expresividad, por lo que le pediremos en un primer momento que escuche la obra y el profesor la tocará, para seguidamente pedir que cante la melodía o notas más importantes de la obra. Entonces, nuestra pequeña guitarrista cantará, acompañada por el profesor, esta melodía:

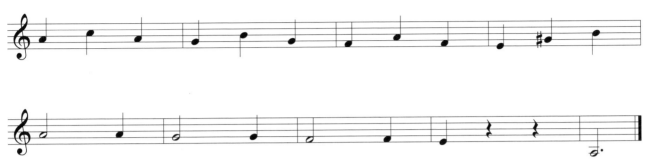

Cantar una melodía con diferentes matices y caracteres propiciará una mejor interpretación, puesto que será necesario un mayor enfoque en el plano afectivo de la música. Una vez leída y cantada esta melodía podremos demandar a nuestra alumna que toque lo que ha leído y cantado, advirtiendo que pulse todas las notas con el dedo pulgar a excepción del segundo pentagrama donde sólo usará el dedo medio. Esto es así debido a que tocará con esos dedos exactos cuando pueda tocar todas las notas de la obra, en su versión final.

Para trabajar la lectura a vista dentro de esta misma clase usaremos melodías sencillas que usen notas parecidas y el mismo compás. Un ejemplo podría ser el siguiente, en la tonalidad de La m y en compás de 3, aunque con algunos saltos melódicos:

Danza antigua

José Manuel González

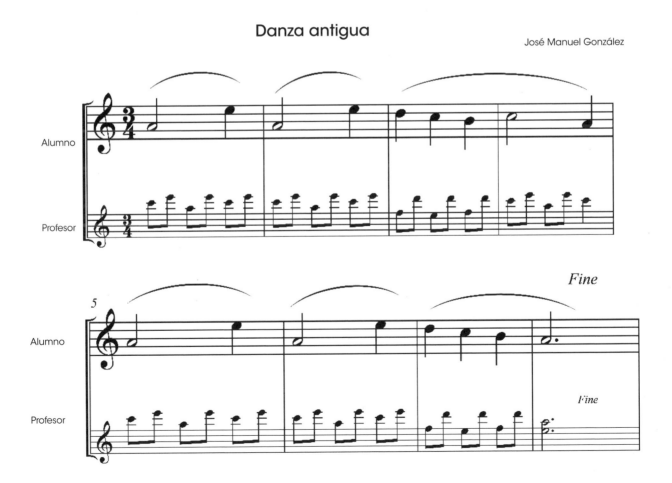

En la lectura a vista, no se cantará nada, sino que se realizarán ejercicios de recreación de los movimientos necesarios[53], para que la primera vez que se escuche la melodía sea en la guitarra de nuestra alumna. También se trabajará la lectura a vista cuando por primera vez se presenta una partitura y pedimos al alumnado que toque la melodía de la obra a trabajar sin haberla cantado ni escuchado con anterioridad, es decir, que aprovechamos la situación de entregar una nueva partitura para trabajar este principio fundamental para la autonomía del alumno.

Como se puede observar, en esta primera clase insistiremos en el trabajo melódico con la guitarra, puesto que la melodía será el pilar fundamental generador de la forma y con una armonía subyacente que estudiaremos en clases posteriores. Damos importancia a la melodía como eje conductor de nuestra clase, aunque el principio técnico de la obra escrita elegida sea trabajar el arpegio p-i-m-i, las notas simultáneas entre pulgar y medio o el arpegio con nota repetida p-i-m. Estos principios técnicos quedarán resueltos cuando podamos abordar la totalidad de la obra escrita con ejercicios preparatorios de improvisación y acompañamiento de la canción de toque de oído.

En resumen, en esta primera clase hemos trabajado:

– Melodía de *El vito*
– Melodía del bajo de *Paseo andaluz*
– Escala de La menor natural y ordenamientos sobre ésta
– Improvisación rítmica sobre ordenamientos de la escala
– Melodía o parte de ésta de *Danza antigua*.

---

[53] Ver el capítulo dedicado a los procedimientos de este mismo libro, concretamente el recurso titulado *tocar sin tocar*.

Clase 2

En esta segunda sesión, abordaremos la canción *El vito* al principio de la clase, para recordar la melodía. Tendremos que valorar si es necesario cantar con el nombre de las notas antes de que nuestra alumna la toque. Una vez recordada la melodía en la guitarra y asegurándonos que se interpreta con fluidez (donde el profesor siempre acompaña, ya sea con el acompañamiento escrito anteriormente o con otro), avanzamos un paso más en la parte dedicada al toque de oído. Este avance consistirá en enseñar los acordes de tres notas que intervienen en el acompañamiento de la canción:

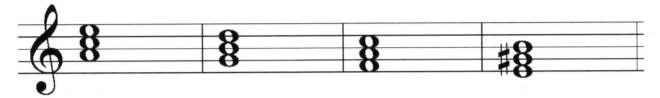

Explicaremos entonces que se trata de la cadencia frigia o andaluza. Para alumnos menos avanzados técnicamente podremos enseñarla empezando sólo por el bajo, es decir, La-Sol-Fa-Mi, pero en este caso, nuestra alumna es motrizmente hábil por lo que podremos empezar directamente por los acordes placados de tres sonidos con digitación p-i-m. La realización del segundo acorde de la cadencia puede entrañar alguna dificultad para el alumnado, por tener que tocar la nota Sol en la cuarta cuerda con el dedo 3, por lo que podremos sustituir la quinta (Re) de este segundo acorde por la nota Mi, que permitirá realizar el acorde con cuerdas al aire. Es importante enseñar en un principio el acorde para tocar las notas de manera simultánea, puesto que prepara la posición de la mano que pisa las cuerdas, favoreciendo la fluidez en los cambios. Una vez afianzada la cadencia, podremos trabajar la improvisación, en un principio únicamente rítmica con los acordes. También le pediremos a nuestra alumna que toque los acordes, pero en arpegios, por ejemplo, con la digitación p-i-m-i-p-i que será la primera que usará seguidamente en la obra *Paseo andaluz*. Será un trabajo interesante demandar al alumnado que invente otras fórmulas de arpegios e incluso mandar este ejercicio para casa. Una vez hecho esto podremos dictar el orden de los acordes en la primera parte de *El vito*, para que nuestra alumna pueda acompañar la melodía que ahora tocará el profesor. En casa deberá ser capaz de cantar la melodía a la vez que toca el acompañamiento (acordes placados) de esta primera parte, con letra o con el nombre de las notas, para lo cual siempre lo realizaremos primero en clase, facilitando así la autonomía del alumnado al conocer en todo momento lo que tiene que hacer exactamente.

Una vez concluido este trabajo técnico, de improvisación y de acompañamiento, pasaremos a seguir con el estudio de la partitura *Paseo andaluz*. La primera parte consiste en la cadencia andaluza con el arpegio p-i-m-i-p-i con excepción del final que podremos realizar con p-i-m-a-m-a para el último acorde, introduciendo así el dedo anular. Esta primera parte también la trabajaremos como la cadencia, es decir, primero con los acordes placados para luego realizar el arpegio escrito. Como nuestra alumna ha sido preparada técnicamente unos minutos antes con la cadencia y la canción, tocará con fluidez todo el primer pentagrama. Para enseñar el segundo pentagrama, tendremos que tocar por separado la melodía siempre con el dedo medio y el acompañamiento con p-i. Un trabajo intermedio antes de tocar el pentagrama tal y como está escrito, podrá ser el demandar que se toquen sólo las notas simultáneas con los dedos p-m, para posteriormente sólo tener que añadir el dedo índice. Para el pasaje de los tresillos trabajaremos sólo el pulgar para después añadir la nota repetida de la primera cuerda con digitación m-i. Como la pieza tiene una forma reexpositiva, el último pentagrama es igual que el primero, por lo que sólo habrá que trabajar técnicamente el cambio hacia el último acorde, que se realizará con media cejilla en el quinto traste.

En esta segunda clase seguiremos trabajando la lectura a vista, ya sea la misma que la anterior (puesto que lo normal será que no siempre tengamos tiempo para terminar una misma lectura y haya que realizarla por frases) o una nueva de las mismas características (tonalidad, compás, estilo, etc.). A elección de nuestro criterio optaremos por dedicar unos minutos a la lectura a vista antes o después de abordar la pieza de literatura instrumental, según nos convenga en cada momento.

En resumen, en esta segunda clase hemos trabajado:

– Melodía de la canción *El vito*
– Cadencia frigia con acordes de tres notas
– Melodía o parte de ésta de *Danza antigua*
– Obra *Paseo andaluz* con todas las voces
– Improvisación sobre arpegios de la cadencia frigia

Clase 3

Para empezar esta tercera clase con Claudia, iniciaremos la sesión con la pieza de literatura instrumental, para comprobar su autonomía con el estudio en casa y poder trabajar la fluidez incluso en los pasajes más exigentes técnicamente. Realizaremos un calentamiento con las diferentes escalas y algunos ejercicios de ordenamientos[54], como pueden ser algunos derivados de la canción de oído o de la pieza escrita. En ambos casos, están muy presentes los acordes, por lo que podremos realizar un ordenamiento de terceras en primer lugar para posteriormente realizar uno con los acordes. Estos dos ordenamientos podremos empezarlos por la nota La de la quinta acuerda al aire, para ampliar la tesitura de las piezas a trabajar y para evitar llegar hasta la nota Mi del traste 12 de la primera cuerda, puesto que los cambios de posición llegarán en otro momento del aprendizaje guitarrístico.

---

[54] CHAPUIS, Jacques, *Motifs d'ordonnances…* op. cit.

Ordenamiento con terceras:

Ordenamiento con el acorde:

Estos ejemplos de ordenamientos están siempre en compás de 3, puesto que la pieza de literatura a la que preparan están en este mismo compás. También nos servirán para preparar los cambios entre las dos partes de la mano (p/i-m-a) que pulsa las cuerdas. El acompañamiento que realiza el profesor puede ser el mismo que el utilizado para la armonización de la escala, o bien el acorde a partir de cada nota de la escala:

Como los ejercicios de ordenamientos los utilizaremos para el calentamiento y la preparación técnica, usaremos multitud de variantes de cada ordenamiento, en función de la pieza o canción que queramos preparar, incluso instaremos a nuestro alumnado a que propongan variantes de un mismo ejercicio.

Una vez realizados los ejercicios de ordenamientos, la obra escrita y la canción podremos dedicar unos minutos a trabajar la lectura a vista, realizando alguna sección de la pieza que nos quede por trabajar o bien presentando una obra nueva de análoga dificultad, donde se pongan en juego los mismos elementos musicales y técnicos que en la pieza escrita y la canción. Dejaremos entonces para el final de la sesión la parte dedicada a la improvisación. Es el momento de repasar la cadencia frigia y los arpegios trabajados en la sesión anterior. Para avanzar en este aspecto musical tan importante podremos realizar también ejercicios de ordenamientos a partir del bajo, para posteriormente realizar variaciones rítmicas de estos ejercicios (improvisación rítmica), variaciones melódicas y finalmente improvisación melódica libre basada en la estructura de la cadencia. Un ejercicio asequible para iniciar la improvisación es el ordenamiento con cinco notas ascendentes (pentacordio), en el cual se tocan las cinco notas por grados conjuntos[55]:

[55] Volvemos a utilizar el compás ternario para mantener un nexo de unión con la pieza de la cual parte el ejercicio de improvisación. En este caso usamos la nota Fa natural en el último pentacordio como reminiscencia de la escala menor armónica, puesto que en ningún caso aparece el Fa sostenido en la pieza escrita.

La primera improvisación estará en el ritmo en donde nuestra alumna puede inventar algún patrón rítmico nuevo para aplicarlo a toda la cadencia[56]:

O bien inventar un ritmo libre dentro del compás en el que nos encontramos[57]:

La dificultad rítmica en este tipo de ejercicio puede llegar a ser muy compleja puesto que no tenemos el elemento de la escritura ni existe cerebralismo en su composición. De hecho, el ritmo inventado se parecerá bastante en un principio al ritmo de la pieza escrita, puesto que es la referencia musical que tendrán nuestros alumnos. Llegados a este punto, le pediremos a nuestra alumna que cambie las notas de sitio, es decir, que realice alguna variación respetando aún solo las notas del ordenamiento (pentacordio), por lo que un ejemplo de su invención podría ser éste:

Cuantas más veces se repita el ejercicio, de manera dinámica y sin pausa, más elaborada y rica será la variación. No debemos nunca de olvidarnos de la articulación y las dinámicas, las cuales serán inducidas por el acompañamiento del profesor. Lo importante en estos casos es hacer que la alumna sienta la cadencia y se deje llevar por ella, repitiéndola en bucle, puesto que será así como brote la creatividad. El siguiente ejercicio será la improvisación melódica libre basada en la armonía y forma de esta cadencia. Puesto que nuestra alumna ya la ha repetido varias veces y la ha interiorizado bien[58] podremos pedirle que invente libremente. No será necesario explicar

[56] Esto es un ejemplo de algo que puede ser inventado por el alumnado sin la preocupación de tener que pensar ningún ritmo, ayudándolos a realizarlo de manera espontánea. Es probable que el ritmo no sea tan cuadrado cuando una niña o niño inventa de esta manera, pero siempre se debe respetar el ritmo original que inventan.

[57] Es de vital importancia que el profesor siempre acompañe de una manera sencilla y estableciendo claramente la forma y el compás, que será la guía del alumnado para la improvisación.

[58] Como se ha descrito al principio de este caso práctico, nuestra alumna es tímida y le cuesta la expresividad por lo que será

con exceso de teoría las pautas a seguir (armonía y forma) puesto que al repetirla tantas veces lo hará intuitivamente. Podremos permitir ciertos «errores» en la improvisación en pro de la creatividad y expresividad ya que la improvisación no es una composición[59]. Finalizar una clase con la improvisación puede ser muy positivo para la motivación del alumnado puesto que suele ser una actividad lúdica y de liberación.

En resumen, en esta tercera clase hemos trabajado:

– Canción *El vito,* melodía y acompañamiento con acordes de tres notas
– Obra *Paseo andaluz* completa
– Ordenamientos de tercera y acorde con la escala de La menor natural
– Ordenamiento del pentacordio con la cadencia frigia
– Improvisación rítmica y melódica con la cadencia frigia

Caso práctico n° 3

Pedro es un niño de 10 años con conocimientos musicales previos puesto que está cursando su tercer año en el conservatorio. Su motricidad es buena por lo que su avance técnico está siguiendo una progresión adecuada a los contenidos de su programación. Nos encontramos a final de curso por lo que su evolución técnica le permite realizar obras un poco más exigentes.

Para este caso práctico usaremos el siguiente material didáctico:

– Toque de oído: *Melodía hebrea* (L. N. Imber)[60]

– Literatura instrumental: *Menuet* en Re menor (S. L. Weiss)[61]

– Lectura a vista: *El retorno del cazador* (J. A. Muro)[62]

– Improvisación: Cadencia de doble constelación[63] y armonización de las escalas de Re menor melódica y Fa Mayor

---

necesario repetir muchas veces la cadencia y este tipo de ejercicios de variaciones. Los alumnos con este perfil necesitarán un poco más de tiempo para que puedan dar rienda suelta a sus invenciones.

[59] WILLEMS, Edgar, *Las bases psicológicas.* op. cit. pp. 102-105.

[60] El título original de la melodía es Hatikvoh, cuyo significado es *La esperanza,* que además es el himno de Israel. Usamos aquí la versión aparecida en *Zion Songs. Popular Hebrew National Songs. Hatikvoh,* Nueva York, S. Schenker, 66 Canal St. Véase también *Jewish National and Zion Songs: In Hebrew, Jewish and English. With Music,* Nueva York, Hebrew Publishing Company, 1915, p. 293.

[61] Usamos aquí la adaptación aparecida en SANZ, Luisa, *La guitarra paso a paso I,* Madrid, Real Musical, 1990, p. 56.

[62] MURO, Juan Antonio, *Basic* pieces… op. cit. p. 23.

[63] CHAPUIS, Jacques, *Elementos de solfeo…* op. cit. p. 72.

Clase 1

En esta primera clase trabajaremos melódicamente la canción hebrea, la escala de Re menor melódica, la melodía del minueto de Weiss y un fragmento de la pieza de Juan Antonio Muro. El nexo de unión de todo el material didáctico a trabajar con este alumno en este caso práctico será la tonalidad, la modulación al relativo y las cejillas como elemento técnico a superar. Para empezar esta primera clase, presentaremos la melodía hebrea puesto que será la obra encargada de trabajar la parte de la clase dedicada a la música sin soporte escrito y por tanto de desarrollo de la memoria e intuición melódica. Seguimos así el orden lógico del aprendizaje de una lengua materna[64], donde lo primero que se aprende no es la escritura sino la lengua hablada. El profesor debe en primer lugar tocar o cantar la melodía para que nuestro alumno la escuche y vaya interiorizándola. Lo más aconsejable es que el profesor toque un acompañamiento y cante la melodía para así evitar que el niño pueda ver las posiciones que debe realizar en su instrumento, contribuyendo de este modo a que su atención y memoria sean únicamente melódica, aunque vaya impregnándose de la armonía que tocará el profesor. Como la canción original está en hebreo, a menos que tengamos un alumno que hable en este idioma, presentaremos la canción tarareándola a la vez que tocamos los acordes. La ausencia de letra es una dificultad añadida para la memoria melódica que podemos introducir perfectamente en alumnos de este nivel, puesto que su bagaje musical ya es amplio. En alumnos más adultos podremos, en algunos casos donde la letra está escrita en otro idioma que no dominan, explicar el significado del texto para así preparar una interpretación acorde a su significado.

La melodía y su posible armonización es la siguiente:

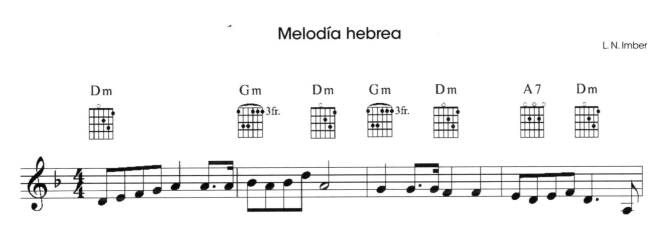

Melodía hebrea

L. N. Imber

---

[64] WILLEMS, Edgar, *Las bases psicológicas…* op. cit. pp. 188-189.

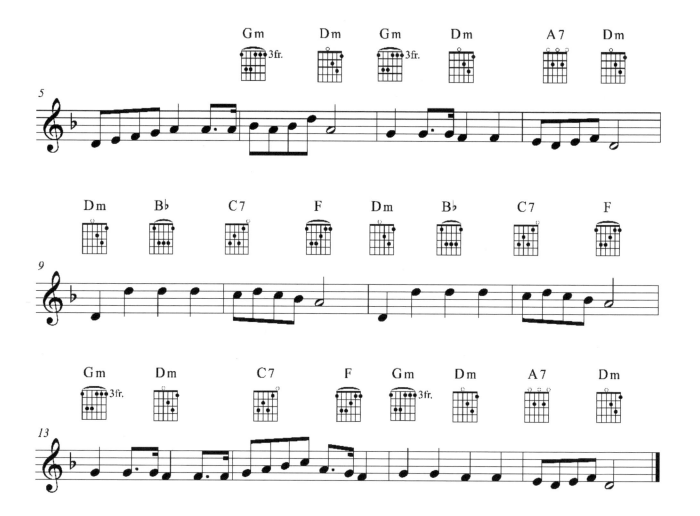

Para que nuestro alumno pueda memorizar la canción, en primer lugar, la cantaremos varias veces completa para que pueda hacerse una idea global de toda la melodía y vaya asimilándola. Lo animaremos a que empiece a cantar con nosotros desde la segunda vez que la escucha puesto que a estas alturas de su formación musical tendrá adquirida una intuición musical que le permitirá seguir melódicamente con su voz lo que el profesor está interpretando en ese mismo instante (con pequeñas variantes debido a la inseguridad de no haber oído antes la canción, si este es el caso). En segundo lugar, debemos exigir la memoria exacta de las notas para lo que trabajaremos por frases. No es necesario en un principio memorizarla con el nombre de las notas, podremos cantar con algún vocablo y ayudarnos, cuando lo creamos necesario, del movimiento sonoro[65] para que el pequeño guitarrista vaya adivinando las notas y pueda cantarlas él solo con su nombre. Esto también contribuirá a su mejora de resultados en los dictados melódicos dentro de otras asignaturas como puede ser Lenguaje Musical. Cuando

---

[65] Véase el recurso pedagógico titulado Movimiento sonoro, dentro del capítulo dedicado a los procedimientos de este mismo libro.

nuestro estudiante Pedro tenga memorizadas las notas, o bien vaya intuyéndolas por frases, será el momento de ponerlas en el mástil de la guitarra. Al tratarse de una tonalidad con un bemol en la armadura, podremos preparar técnicamente pidiéndole que toque una escala de Re menor (ya sea natural, melódica o armónica) para afianzar las notas alteradas. Si por ejemplo Pedro toca la escala de Re menor melódica (que nos será de utilidad para preparar también el minueto de Weiss), podremos usar esta armonización para acompañar:

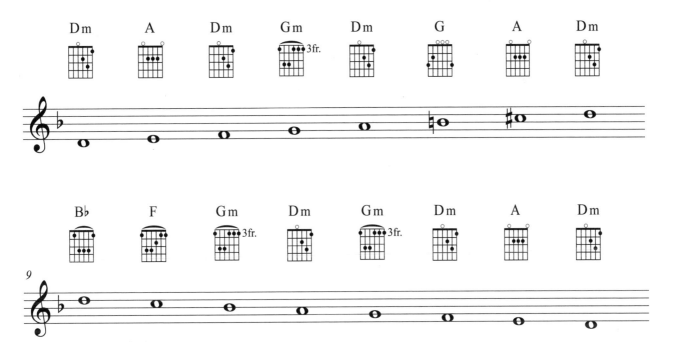

Debemos recordar que siempre que repitamos la canción o la escala, hemos de hacerlo de manera diferente, cambiando el carácter, tempo, articulación, etc., para que el niño no tenga la sensación de que está repitiendo sin más y sea divertido para él.

Dependiendo del tiempo del que dispongamos para la sesión podremos hacer que memorice la totalidad de la canción o bien una parte y continuar en la próxima clase. Una vez aprendidas las notas en el instrumento y practicado la escala de la tonalidad en la que se encuentra la canción y la pieza programadas, pasaremos a presentar la partitura del minueto. Existe un nexo de unión muy claro entre la pieza escrita y la canción de oído, como son la tonalidad y la modulación que realizan, por lo que en nuestras explicaciones dentro del aula debemos hacer alusión a este hecho para que el alumnado pueda establecer una relación de contenidos trabajados y obtener un aprendizaje significativo. La conexión de conceptos-obras-canciones-escalas-cadencias nos dará un mejor resultado musical a la par que una mejor progresión en el avance de nuestra programación didáctica. Colocamos entonces la partitura del minueto en el atril de clase:

Menuet

S. L. Wiess

Podemos comprobar la autonomía del alumno en la lectura, si tiene buen nivel, aunque en este caso comprobaremos esta autonomía con la pieza dedicada específicamente a practicar este princi-pio musical básico. Por consiguiente, la presentación de esta partitura la realizaremos tocándola, y después pidiendo a nuestro estudiante de guitarra que cante la melodía principal, que en este caso se encuentra en las notas agudas. Una vez hecho esto, nuestro alumno Pedro puede tocar o tocar y cantar a la vez la melodía[66]. En este ejercicio invertiremos un número considerable de minutos por lo que en esta primera sesión sólo trabajaremos la melodía completa. La fluidez al tocarla será el objetivo a conseguir durante la semana con el estudio en casa. Una vez tocada la música escrita, procederemos a la comprobación de la autonomía de nuestro alumno con una pequeña melodía para la lectura a vista. En este caso, usaremos la pequeña pieza *El retorno del cazador*:

El retorno del cazador

Juan Antonio Muro

Dependiendo del tiempo del que dispongamos podremos realizar una frase, la mitad de la pieza o bien la melodía completa, pero siempre trabajaremos algo que tenga un mínimo sentido melódico y musical. El *modus operandi* será el mismo que para las otras lecturas a vista que hemos estudiado en los anteriores casos prácticos. Antes de comenzar instaremos a un pequeño análisis o recuento de las notas que intervienen con especial atención a la armadura y las notas alteradas

---

[66] Según mi propia experiencia, dependiendo de cada alumno, les resultará más fácil y cómodo cantar lo que están tocando en ese momento o por el contrario sólo tocar las notas en la guitarra, pudiendo estar más concentrado en el instrumento.

(que no existen en este caso). Nuestro alumno tocará este resumen de notas, que en nuestro caso concreto será la escala del modo de Re o modo dórico[67]. También como ejercicio preparatorio, podremos hacer un ejercicio de imaginación en donde el alumno debe realizar una recreación mental y ver cuál será el movimiento de sus dedos a la vez que lee interiormente la partitura, sin tocar la guitarra[68]. Si nos encontramos con que nuestro alumno tiene especialmente dificultades podremos hacer una preparación más exhaustiva y hacer repetir el mismo fragmento, especificándole siempre que ya será segunda vista o más según los casos. Especificar el número de repeticiones no será nunca una forma de penalización sino más bien la manera adecuada de introducir el espíritu de superación, por eso nuestras palabras como docentes deben ser motivadoras y alejadas de la frustración o el enfado.

Para finalizar esta primera sesión, presentaremos una cadencia con doble tonalidad o modulación. Al tener la globalidad de la melodía de la canción y la melodía del minueto de Weiss, podremos explicar de una manera práctica con el instrumento la modulación existente en cada una de ellas a través de esta cadencia. Refrescaremos el concepto de cadencia como conjunto de acordes[69] y pasaremos a tocar la cadencia de doble constelación, en este caso en Fa mayor y Re menor:

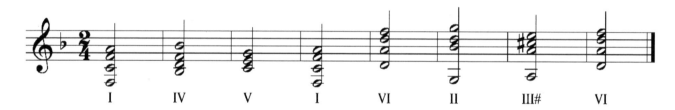

En un primer momento, será el docente el encargado de tocar los acordes en esta disposición, pues así tendremos una melodía característica en la voz superior que cantaremos varias veces y después nuestro alumno tocará (solo la melodía). La primera improvisación sobre esta cadencia será rítmica sobre la melodía[70]. También enseñaremos la melodía que realiza el bajo (sobre la que también improvisaremos de manera rítmica), para así tener las funciones tonales y por tanto más conciencia del concepto de la modulación. Trabajar esta melodía y bajo con patrones rítmicos inventados o bien inventar un ritmo en cada nota, será el trabajo a realizar por el alumno hasta la próxima sesión.

---

[67] La terminología de los modos ha ido cambiando a lo largo de la historia, aquí hacemos referencia al nombre de los modos antiguos que se especifica en CHAPUIS, Jacques, *Elementos de solfeo...* op. cit. pp. 46-47.

[68] Véase el recurso titulado Tocar sin tocar, dentro del apartado de procedimientos de este libro.

[69] ROCKSTRO, William et al. (2001). «Cadence», in S. Sadie (Ed.), *The New Grove of Music and Musicians*, Londres, Macmillan Publishers, pp. 102-110.

[70] El profesor deberá acompañar en todo momento al alumno con los acordes para que vaya impregnándose de la armonía.

En resumen, en esta primera clase hemos trabajado:

– La melodía de la canción hebrea
– La escala de Re menor melódica
– La melodía del minueto de Weiss
– La pieza *El retorno del cazador* o una parte de ésta.
– La cadencia de doble constelación (mayor-menor), melodía y bajo con improvisación rítmica

Clase 2

Para iniciar esta segunda sesión con nuestro alumno Pedro, repasaremos la melodía hebrea apelando directamente a su memoria musical. Una vez comprobada la exactitud y fluidez de esta melodía pasaremos a armonizarla, es decir, a indicarle la nota del bajo de la correspondiente función tonal. Enseñaremos aisladamente las principales funciones tonales (I-IV-V) de cada tonalidad que interviene y su función: tónica, subdominante o dominante. Enseñaremos en un primer momento sólo las notas del bajo, y una vez que estén ubicadas en la canción pasaremos a enseñar los acordes (en clases posteriores). Pediremos que de manera auditiva vaya encajando cada nota del bajo en los lugares exactos de la melodía, probando varias posibilidades. Una vez establecidos los bajos exactos y su ubicación, nuestro alumno tocará el bajo y el profesor tocará la melodía, proceso que repetiremos varias veces para estar seguros de la correcta asimilación.

El resultado será el siguiente:

Para trabajar en casa, pediremos que Pedro cante la melodía (ya sea con el nombre de las notas o de forma vocalizada) a la vez que se acompaña con el bajo de las funciones tonales.

Seguidamente repasaremos la melodía del *Menuet* de Weiss y comprobaremos si existe alguna dificultad técnica o musical a resolver, teniendo como objetivo la expresividad y la fluidez. Una vez superado este primer objetivo pasaremos a tocar la melodía del acompañamiento, donde el profesor tocará la melodía principal, de igual modo que hemos hecho con la canción de oído. El trabajo de casa será, por lo tanto, tocar las voces por separado, incluyendo los acordes que aparezcan en alguna de ellas, y también tocar una de las voces y cantar la otra, haciendo una disociación entre voz y guitarra[71]. Repasaremos también la escala de Re menor melódica y presentaremos la de Fa mayor para la conciencia de la modulación existente en la canción y la obra escrita, obteniendo además recursos melódicos para la posterior improvisación con la cadencia. Al tocar las escalas podremos preparar los cambios de posición que se abordarán en sesiones y cursos posteriores, tocándolas con dos octavas, tanto la de Re como la de Fa. La armonización para el acompañamiento de la escala de Fa mayor podría ser ésta:

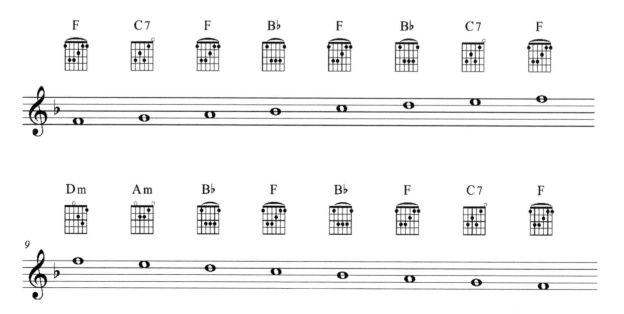

---

[71] Véase el recurso pedagógico titulado Voces separadas en el apartado de procedimientos de este mismo libro.

Usaremos ambas escalas para la preparación técnica, así como para la improvisación. En esta sesión podremos realizar invenciones rítmicas con las notas de la escala y también ejercicios de ordenamientos, basados en giros melódicos de la canción de oído o bien la pieza escrita, como pueden ser el pentacordio (5 notas a partir de cada nota de la escala) como en el principio de la canción hebrea, bordaduras superiores e inferiores como en muchos momentos de la pieza de Weiss, etc. Daremos la pauta a nuestro alumno indicándole que es un ordenamiento de tercera, tricordio, pentacordio, bordadura, acorde… e instaremos a que inventen el orden de los sonidos y el ritmo. Para poder profundizar en la improvisación, tendremos que hacer uso de la cadencia para lo cual seguiremos avanzando en su asimilación. Recordaremos la melodía y realizaremos ejercicios de ordenamientos sencillos a partir de ésta, como pueden ser la bordadura inferior, superior y ambas mezcladas, el tricordio, la tercera y la combinación de ambas. Al pedirle a nuestro alumno que invente un ritmo diferente en cada acorde para estos ordenamientos estaremos haciendo que el estudiante obtenga una improvisación melódica. La conciencia armónica vendrá dada por el bajo, por lo tanto, usaremos ordenamientos de cinco notas (pentacordio) y acordes (en forma melódica) como ejercicios idóneos a partir de este bajo de las funciones tonales. Estos ordenamientos los realizaremos con ritmos diferentes para así llegar a la improvisación melódica. Es importante no parar el acompañamiento del profesor encadenando unos ejercicios de ordenamientos con otros y con las primeras improvisaciones, realizarlo de una forma dinámica para llegar a la improvisación melódica libre sobre la cadencia. Pararnos a dar demasiadas explicaciones teóricas o armónicas hace que esta parte de la clase pierda la frescura que necesita.

Terminaremos la clase con el desarrollo de la lectura a vista. Finalizar la sesión con este principio de la formación guitarrística nos hace ver cuál es la destreza real del alumnado con la lectura instrumental, puesto que después de estar durante toda la clase tocando en la misma tonalidad y con requisitos técnicos muy superiores a los que aparecen en la pieza elegida para la lectura a vista, nuestro alumno será capaz de prestar toda la atención a la partitura, con independencia visual del instrumento.

En resumen, en esta segunda clase hemos trabajado:

- Melodía de la canción
- Bajo de la canción
- Simultaneidad de líneas melódicas entre voz y guitarra
- Escala de Re menor melódica y Fa mayor con ordenamientos e improvisación rítmica
- Cadencia de doble constelación con pentacordio y acorde a partir del bajo y ordenamientos con la melodía
- Improvisación melódica por variación del pentacordio y acordes
- Melodía o parte de ésta de *El retorno del cazador* como lectura a vista

Clase 3

A lo largo de toda esta sesión abordaremos la simultaneidad de las voces en la guitarra, así como el transporte de melodías. Empezaremos por la canción hebrea para poder comenzar con música sin soporte escrito y poder centrarnos en lo concerniente a todo lo que acontece en nuestro instrumento. Repasamos tanto la melodía como el bajo de las funciones tonales. Ahora es el momento de crear una versión instrumental en la que nuestro alumno toque la pieza con melodía y acompañamiento de manera simultánea. Para conseguir este fin deberemos encontrar la tonalidad más adecuada para que no exista un exceso de dificultad técnica. Aunque la tonalidad original elegida es Re menor, y es una tonalidad cómoda en la guitarra, necesitaremos otra en la que las dos cuerdas más graves jueguen un papel primordial en las funciones tonales, por lo que las mejores tonalidades para conseguirlo serán en este caso La menor y Mi menor. Lo primero que transportaremos será la melodía. Para llegar al transporte en nuestro instrumento, debemos en primer lugar realizarlo con la voz. El profesor realizará el acompañamiento en la nueva tonalidad y nuestro alumno cantará la melodía vocalizada (sin el nombre de las notas) de manera intuitiva puesto que ya sabe de memoria la canción[72]. Partiendo de la base de que la melodía es una relación de intervalos entre sí y con respecto a un centro tonal[73], realizaremos un breve análisis del movimiento sonoro (grados conjuntos, saltos, grado de la escala de los puntos de inflexión melódicos, etc.) para así ir averiguando el nombre de las notas y poder cantar en la nueva tonalidad. Para este fin podremos ayudarnos del gesto de la mano y realizar el movimiento sonoro[74] que realiza la melodía. Una vez cantada varias veces con el nombre de las notas en la nueva tonalidad, podremos pedirle a nuestro alumno que la toque en su guitarra. Debemos advertir, siempre antes de tocar, del cambio de armadura y si es necesario realizar alguna escala en la nueva tonalidad para afianzar los cambios en las alteraciones. Para el bajo, lo presentaremos de la misma forma que lo presentamos en la tonalidad original, con la ventaja de que ahora nuestro alumno cuenta con el análisis de la función tonal y la relación interválica. Una vez tocados y asimilados bajo y melodía, realizaremos el ejercicio donde el alumno canta la melodía con el nombre de las notas a la vez que se acompaña en su guitarra con las notas del bajo. Aparte de la clara disociación necesaria para poder tocar una nota diferente a la que se canta, será un ejercicio para poder ubicar la nota del bajo con la nota exacta de la melodía. Una forma de hacer es dotar a la línea del bajo de un ritmo constante de blancas. La versión definitiva que conseguiremos que nuestro alumno toque será la siguiente[75]:

---

[72] Para transportar es necesario la memorización de la canción, véase WILLEMS, Edgar, *Solfeo…* op. cit. p. 193.

[73] WILLEMS, Edgar, *Las bases psicológicas…* op. cit. pp. 89-109.

[74] Véase el recurso «Movimiento sonoro» en el apartado de procedimientos de este libro.

[75] Esta versión definitiva será únicamente de oído, puesto que el alumno no llegará a ver esta partitura, excepto mentalmente.

Melodía hebrea

L. N. Imber

Haciendo una recapitulación, realizaremos el transporte siguiendo estos pasos:

1. Transportar vocalmente sin el nombre de las notas y con el acompañamiento del profesor.
2. Transportar vocalmente con el nombre de las notas ayudándose con el gesto del movimiento sonoro y con el acompañamiento del profesor.
3. Transportar vocalmente el bajo con el nombre de las notas.

4. Tocar la nueva línea del bajo a la vez que se canta la melodía con el nombre de las notas.
5. Tocar la melodía y el bajo en la guitarra.

Dependiendo del tiempo del que dispongamos para realizar el ejercicio de transporte, todo este desarrollo expuesto podrá durar varias sesiones, pues la idea de nuestra metodología es trabajar en cada clase todos los ámbitos de la música y no dedicar una clase entera a profundizar en una de las partes de la clase. En futuras sesiones podremos repetir el mismo proceso para transportar a otra tonalidad que se preste a una versión instrumental de la canción para una sola guitarra, como es Mi menor.

Seguiremos el transcurso de la clase con unos minutos de improvisación, volviendo a nuestra cadencia de doble constelación, para preparar la tonalidad de Re menor del minueto y para trabajar acordes completos y la técnica de la cejilla. Evidentemente también abordaremos la improvisación con la cadencia para un fin en sí misma, aportando creatividad y conocimiento armónico a través de la práctica instrumental. Repasamos la disposición de los acordes de tres sonidos que ya había tocado nuestro alumno en la segunda sesión, de manera melódica como ordenamiento. Podemos enseñarle los acordes de cuatro notas, en la misma disposición en la que se presentó en la primera clase por el profesor, respetando así la melodía que usamos para la primera improvisación. Respetar la disposición de la clase nº 1 nos permite trabajar por voces y de manera armónica si nos encontramos en una clase colectiva, donde podremos trabajar a modo de orquesta, improvisando por turnos. Es importante que en este nivel en el que se encuentra nuestro alumno, podamos enseñar la posición estándar de los principales acordes para guitarra y esta cadencia es una buena herramienta para ello. Si realizamos la cadencia por posiciones guitarrísticas quedaría así:

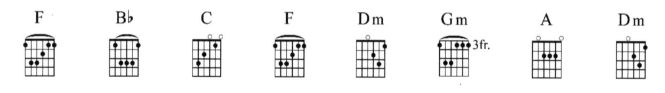

Podremos dividir el trabajo en varios días puesto que empezar por la tonalidad relativa mayor implica dos acordes seguidos con cejilla, técnica que requiere un tiempo para ser asimilada y empezar a dominar. Existen multitud de consejos técnicos en todos los métodos desde que existe literatura para la guitarra, la vihuela o el laúd,[76] donde lo más destacable es la posición del codo más cercana al cuerpo y una leve inclinación del dedo 1 cuando tapa las cuerdas. A estas alturas

---

[76] Véase como primeros ejemplos en referencia a consejos técnicos para trabajar la cejilla en la guitarra los métodos: AMAT, Joan Carles, *Guitarra española y vandola*, Gerona, Joseph Bró, 1761 (edición facsímil del original de 1596); ABREU, Antonio y PRIETO, Victor, *Escuela para tocar… op. cit.*; PORRO, Pierre, *Instruction élémentaire de la lyre-guitarre*. París, P. Porro, 1806; HENRY, *Méthode pour la guitare*, 3ème edition, París, Janet et Cotelle, 1826; SOR, Fernando, *Methode… op. cit.*, BOSCH, Jaime, *Méthode pour la guitare*, París, 1890.

de la formación instrumental de nuestro alumno Pedro, ya ha trabajado las medias cejillas por lo que ya está familiarizado con esta técnica. Una progresión adecuada en el uso de esta técnica será presentar la media cejilla para posteriormente ir añadiendo progresivamente cuerdas a la cejilla. Para evitar el sobreesfuerzo de la mano encargada del mástil, tendremos que evitar que nuestro alumno aplique la fuerza en la parte posterior del mango con el pulgar. Este dedo tiene la función de contrarrestar la fuerza de los demás dedos para evitar que el mástil se desplace hacia atrás al presionar con el resto de los dedos de esa mano, pero nunca tendrá la función de ser el punto de origen de la aplicación de la fuerza para las cejillas[77]. El dedo pulgar sujeta pero no empuja, evitando el efecto pinza tan nocivo para la mano. Es imprescindible también aplicar la fuerza desde todo el brazo en sentido descendente y hacia el cuerpo. De esta forma la fuerza se genera desde un miembro mayor y la fatiga de la musculatura de la mano es mucho menor.

Una vez hecho este paréntesis técnico para la aplicación de las cejillas, volvemos a lo puramente musical con la improvisación. Cuando quede bien establecido el orden de los acordes, podremos realizar algunas ruedas de improvisación, en primer lugar, inventando el profesor y posteriormente el alumno. Un buen ejercicio para que nuestro estudiante practique esta cadencia puede ser pedirle que toque los acordes e improvise con la voz las melodías. Por un lado, trabajará la disociación entre la voz y la guitarra y por otro se verá nutrida su creatividad al no tener la dificultad técnica de inventar en el instrumento[78], a la vez que está trabajando siempre la técnica de la cejilla y el cambio de posición de cada acorde.

Después de toda esta sesión de preparación técnica a través de las demás partes de la clase, podremos abordar fácilmente la partitura de Weiss, donde repasaremos las voces por separado y juntaremos en clase. Como ya hemos tocado e improvisado en la tonalidad y trabajado la técnica más compleja que aparece en la partitura, nuestro alumno Pedro podrá centrarse en la escritura musical. Su objetivo para la próxima sesión será tocar todo lo trabajado con fluidez, matices y musicalidad[79]. Podremos terminar con algo más distendido y fácil técnicamente como es la lectura a vista, que a estas alturas de esta clase no supondrá ninguna dificultad importante para nuestro alumno.

[77] SÁENZ, Juan José, *Diccionario técnico de la guitarra*, Madrid, Ediciones Musicales Mega, 2000, p. 87.

[78] La invención con la voz puede ser de dos maneras: vocalizada, sin el nombre de las notas, o bien con el nombre de las notas si nuestro alumno tiene facilidad para cantar con exactitud en esta tonalidad.

[79] Como venimos diciendo desde un principio, los valores referentes a la interpretación (articulación, dinámicas, etc.) se deben trabajar desde el primer momento y siempre estando presentes en todas las clases de cualquier nivel. Si el nivel es inicial, debemos dar varias opciones de interpretación y que sea nuestro alumnado el que escoja una de ellas (véase el recurso titulado Dictado de dinámicas, dentro del apartado de procedimientos de este mismo libro). Si, por el contrario, el nivel es medio o superior debemos apelar a la autonomía de cada estudiante para que pueda crear su propia interpretación, siempre respetando las indicaciones del compositor.

En resumen, en esta tercera clase hemos trabajado:

- Simultaneidad de líneas melódicas en el toque de oído
- Transporte de melodía de oído
- Improvisación y acordes de la cadencia de doble constelación
- Simultaneidad de voces en la obra de literatura
- Lectura a vista de la pieza completa *El retorno del cazador*

Caso práctico n° 4

Julia es una chica adolescente que lleva varios años tocando la guitarra en un centro de ense-ñanzas regladas. Tiene un buen nivel técnico pero su interés hacia el repertorio para guitarra clásica ha disminuido porque lo siente muy alejado de la música que la rodea en su entorno. Este desinterés también está originado porque hasta ahora sólo ha tocado obras del repertorio llamado «clásico» y empieza a querer explorar otras músicas más cercanas al pop o el jazz.

Para este caso práctico usaremos el siguiente material didáctico:

- Literatura instrumental: *Summertime* (G. Gershwin)
- Toque de oído: *Cheek to cheek* (I. Berlin)[80]
- Lectura a vista: *Swing* (E. Hradecky)
- Improvisación: Escalas pentatónicas y estructura del blues

Clase 1

En este caso, en el que el estilo es nuevo para nuestra alumna y nunca ha sido abordado en la guitarra, podremos empezar por un acercamiento a estas músicas con la escucha analítica de algu-nos ejemplos musicales, ya sea en audio o también en vídeo. Es conveniente escuchar la canción que se realizará de oído y presentar la canción de forma adecuada[81] si el alumnado no la conoce.

Cuando hemos instalado el estilo en nuestra aula, podremos abordarlo con el instrumento me-diante la improvisación, donde nos podremos centrar en el ritmo, los acordes y las escalas más cercanas a la música que la joven guitarrista tendrá que interpretar. Uno de los primeros ejercicios que no implica una exigencia técnica elevada, será la improvisación con las escalas pentatónicas

---

[80] Tanto esta canción como la melodía de *summertime* de Gershwin han sido tomadas de BLOOM, Ken, *The American Songbook: The Singers, the Song-writers, and the Songs*, Nueva York., Black Dog & Levental Publishers, 2005.
[81] Entiéndase por presentación el momento en el que ofrecemos al alumnado alguna canción y explicamos en líneas generales su texto y su contexto, para poder llegar a una mejor interpretación. Este «acercamiento» a la canción permite en la mayoría de los casos un aumento en la motivación por tocarla.

menores, muy usadas en el jazz y el blues, que además estarán presentes en la obra escrita que posteriormente abordará. Será por lo tanto una manera creativa y útil de realizar el calentamiento. Este tipo de escalas tienen un patrón transportable de fácil memorización puesto que la digitación de la mano encargada de pisar los trastes en el mástil es 1-4, 1-4, 1-3, 1-3, 1-3 y 1-4 desde la primera cuerda hasta la sexta. Buscaremos la tonalidad que más nos convenga para preparar las piezas que posteriormente tocará la alumna, en este caso será La menor, tonalidad donde está escrita la versión para guitarra de la canción *Summertime* que vamos a trabajar con la partitura. La tónica de la escala se encuentra en la nota que pisa el dedo uno en la cuerda sexta, por lo que habrá que practicar la escala en el traste V de la guitarra. Para memorizar la escala es muy útil poder transportarla y tocarla partiendo de diferentes trastes, fomentando en este caso la memoria visual y muscular[82]. Una vez asimilada la escala, el profesor establecerá una base armónica para que nuestra alumna pueda empezar con la improvisación, que en este primer ejercicio consistirá en desordenar las notas de la escala de manera aleatoria, dando una primera pauta: terminar y empezar la invención con la tónica de la escala. La base para la improvisación será el esquema básico de un blues (pero en este caso en La menor), que el profesor tocará con los acordes a la vez que nuestra estudiante improvisa sobre esta escala. El esquema de los acordes lo realizamos sobre el patrón del blues de 12 compases: I7-I7-I7-I7-IV7-IV7-I7-I7-V7-IV7-I7-V7. Podemos cambiar este esquema por otro cualquiera, siempre que no implique un cambio en la escala aprendida de momento. Hay que recordar que el patrón de los acordes es tan solo una herramienta para acompañar al alumnado y que este acompañamiento los ayude a la improvisación a la vez que no debe ser demasiado elaborado para que el docente pueda estar concentrado en todo lo que acontece en la guitarra de nuestras alumnas y alumnos.

Un factor determinante para este tipo de música que abordamos es el ritmo. El ritmo de swing, también conocido como ritmo shuffle[83], es el más común en la música de jazz y blues. Este ritmo tan característico consta de 8 corcheas desiguales por compás tocadas de forma ternaria[84]. Convertimos entonces los grupos de dos corcheas en tresillos donde la primera es una negra:

Establecer este ritmo en el acompañamiento del profesor implicará que nuestra alumna se deje influir y acabe interpretando su improvisación con este mismo ritmo y sus variantes de manera

---

[82] DOMÍNGUEZ, Pedro, «La memorización...» op. cit.

[83] Este término tiene su origen en un paso de claqué, y el efecto rítmico de este paso fue imitado por los bateristas. Véase CLAYTON, Peter y GAMMOND, Peter, *Jazz A-Z: Guía alfabética de los nombres, los lugares y la gente del jazz*, Madrid, Taurus, 1990, p. 260.

[84] CARLES, Phillipe; CLERGEAT, André y COMOLLI, Jean-Louis: *Dictionaire du jazz*, París, Éditions Robert Laffont, 1988, pp. 935 y 999. A veces se entiende que el ritmo de swing y shuffle son sinónimos, pero según estos autores la prolongación de la primera nota en el ritmo swing es mayor que en el de shuffle.

casi inconsciente. El swing debe estar desde el principio de la improvisación puesto que en toda la música posterior que trabajaremos en toda la sesión estará presente.

Cuando ya hemos entrado en esta sonoridad y ritmo característico, y siguiendo la clase sin todavía necesitar ninguna partitura, el profesor tocará y cantará la canción *Cheek to cheek*, o bien tocará una versión para guitarra sola[85]. La melodía puede ser acompañada por el profesor de muchas maneras, aquí se propone una en la que los acordes son jazzísticos y ayudan a la impregnación del estilo. Estos mismos acordes serán los que posteriormente nuestra alumna deba practicar para poder acompañarse cuando cante o bien cuando el profesor toque o improvise. Por lo tanto, y una vez más, el primer paso será escuchar (fundamental en la parte dedicada al toque de oído) e ir memorizando la música por frases o secciones si no se ha escuchado nunca la canción, como es el caso que nos ocupa. He aquí la importancia de la preparación de las clases por parte del docente y el ejemplo a mostrar, que nunca será un modelo a imitar exactamente sino más bien un trampolín para el discente, abriéndose camino en su propia interpretación y/o versión. La melodía y los acordes para acompañarla podrían ser los siguientes:

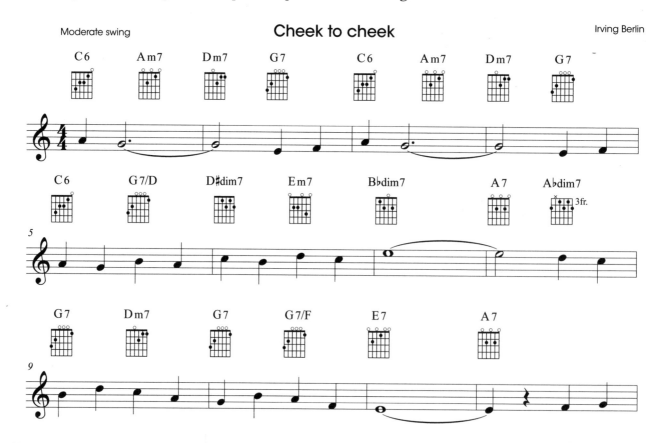

[85] Esta versión no tiene que ser necesariamente la que, después de varias sesiones, nuestra alumna toque. Otra manera de presentar la canción es mediante audio o vídeo si el aula dispone de equipo informático y conexión a internet, donde se podrán comparar diferentes versiones con la original. Facilitar los enlaces de internet donde los alumnos pueden encontrar los vídeos o audios es una eficaz manera de conseguir que aprendan la letra y la música de oído, al poder escucharlos en cualquier momento.

Como ya hemos visto en anteriores ejemplos, una de las mejores formas para aprenderse la canción es ir de lo global a lo concreto. Esto significa que en un primer momento cantaremos con nuestra alumna la canción al completo varias veces, para después ir aprendiendo por frases la melodía de manera exacta. Para la impregnación y aprendizaje global pediremos en un principio que solo se cante vocalizada (tarareando, sin nombre de los sonidos) y cuando trabajemos por frases, podremos pedir que se haga con el nombre de las notas exactas. El análisis ayuda en esto último, pues comprender la manera en que se construye una melodía ayuda a su memorización[86]. Un ejemplo claro nos lo brindan los siete primeros compases de la canción. Al tratarse de

---

[86] Es la denominada memoria analítica mencionada en DOMÍNGUEZ, Pedro, «La memorización...» op. cit. Proponemos aquí un análisis melódico, usando técnicas parecidas (aunque muy simplificadas) en FORTE, Allan y GILBERT, Steven E., *Introducción al análisis schenkeriano*, Barcelona, Labor, 1992, pp. 65-99.

una alumna adolescente, con la suficiente madurez para tener capacidades analíticas, podremos describir como una apoyatura el primer compás, colocamos dos notas por grados conjuntos[87] (empezando en el grado III de la escala de Do Mayor) antes de esa apoyatura correspondiente a los compases 2 y 3. Para terminar la frase los compases 4-7 se inician de la misma forma que 2 y 3 pero continua una progresión de apoyaturas, que no es más que un ordenamiento ascendente de este adorno (compases 5 y 6). Este ordenamiento también nos servirá como ejercicio de preparación técnica con toda la escala para esta sesión y así contribuir a la memorización y para sesiones posteriores como ejercicio de calentamiento:

Como la estructura de la canción responde a la forma A (1-16)-B (18-28)-C (29-36)-A (37-51) puede dividirse la memorización de la melodía según estas secciones, trabajando una o dos en cada clase, dependiendo del tiempo que podamos invertir en cada caso. Cantaremos cada frase y después nuestra alumna Julia tocará las mismas notas que ha cantado. Es conveniente empezar siempre desde el principio para ir añadiendo notas sobre lo ya aprendido. Cuando ella toca, el profesor siempre acompaña con los acordes, para que su oído también vaya reconociéndolos. Como se trata de una alumna avanzada explicaremos brevemente la tonalidad y pediremos como trabajo autónomo que intente armonizar con los acordes de la tonalidad, teniendo en cuenta la importancia de las séptimas y las modulaciones. No importa que no consiga poner todos los acordes, ni exactamente igual que el docente, cosa a priori bastante complicada, puesto que la importancia del ejercicio radica en el entrenamiento auditivo unido al conocimiento de la armonía práctica.

En esta primera sesión abordaremos el trabajo con la lectura a vista anteriormente al trabajo con la obra de literatura del instrumento. De esta forma el aumento de la dificultad en la música escrita será progresivo. Lo haremos de esta manera porque nuestra alumna tiene mayor dificultad en las características del estilo, que no ha trabajado anteriormente, por lo que es necesario una buena asimilación de las características musicales antes de afrontar las dificultades técnicas y, sobre todo,

[87] Es muy importante ser consciente de los grados de la escala en la melodía para facilitar el transporte gracias a la lectura o consciencia relativa (relaciones interválicas entre notas y con respecto al centro tonal). Véase WILLEMS, Edgar, *Solfeo, curso elemental… op. cit.* p. 193.

de lectura que se encontrará en la obra programada. Ponemos entonces la partitura en el atril de clase para un primer análisis visual:

Tras la improvisación y el toque de oído, tendremos la oportunidad de ver el ritmo característico de swing sobre el pentagrama, sin largas explicaciones teóricas, pues al encadenar unos ejercicios con otros, nuestra estudiante tendrá tan interiorizado este ritmo que lo interpretará casi de forma inconsciente. Además del ritmo debemos preparar instrumentalmente otros parámetros musicales, como la tonalidad o alguna escala cromática. Se puede tocar la escala de la tonalidad en cuestión tras un breve análisis de la partitura y también la escala cromática desde la tónica de esta tonalidad (que en la partitura de Emil Hradecky será Sol mayor). Una opción ya descrita en páginas anteriores es realizar una recreación mental de los movimientos necesarios para tocar esta partitura[88], todo dependerá de la habilidad manual del alumnado, aunque omitir este paso no es aconsejable incluso en alumnos más hábiles. Recordemos que en la lectura a vista no solo es necesario tocar las notas respetando un tempo, también habrá que demandar y valorar su interpretación a vista, es decir, tener especial cuidado con las indicaciones dinámicas, agógicas y las articulaciones. Al tener muchos compases que se repiten de forma literal, se puede dar el caso que el alumnado pueda realizar toda la pieza en una sola sesión. Si ocurre esto, usaremos obras del mismo estilo y análoga dificultad en próximas sesiones, hasta completar el estudio de la obra de literatura. En nuestro caso, solo abordaremos la lectura hasta la segunda negra del compás 9 para este primer día, pues en la preparación técnica y musical hemos invertido bastante tiempo.

Una vez realizado el ejercicio de lectura a vista, pasaremos seguidamente a la pieza de repertorio programada, que en este caso se trata de un arreglo de un clásico del jazz para guitarra sola. Una manera de presentar e introducir la pieza será explicar brevemente alguna reseña biográfica del compositor (Gershwin) y/o el contexto de la obra para su mejor comprensión o motivación. Antes de empezar a tocar es conveniente realizar un análisis formal y técnico. Este último será necesario para solventar las dificultades que irán apareciendo y tratarlas aisladamente antes de empezar la lectura e interpretación de la obra completa, según los casos. Un buen ejemplo puede ser aislar las escalas pentatónicas, aunque adornadas cromáticamente, que aparecen o bien los acordes y finales característicos con cromatismos y tresillos.

[88] Véase el recurso titulado Tocar sin tocar, en el capítulo dedicado a los procedimientos en este mismo libro.

El primer paso será, después de la presentación, dejar unos minutos para que nuestra alumna nos haga un análisis formal de la pieza de manera visual, señalando los lugares donde ella cree que le supondrán mayor dificultad. El siguiente paso será localizar la melodía, cosa nada fácil si no se conoce la canción original como es el caso. Para solventar esta dificultad podemos escuchar la versión original y cantarla para asimilar de un modo intuitivo las notas de la melodía. Aun así, este ejercicio entraña bastante dificultad dadas las características de la partitura, pues la melodía original está entremezclada con las notas del acompañamiento y escalas y acordes que rellenan el espacio de las notas largas del original:

Summertime

George Gershwin

Es fundamental la ayuda del profesor, para conseguir con éxito este objetivo. Una vez localizada la melodía en esta partitura, podremos entregar una versión simplificada de la melodía original y compararla, para corroborar que no se haya escapado ninguna nota:

Como ejercicio para guiar la interpretación se pueden señalar con rotulador fluorescente las notas que componen la melodía en la partitura para guitarra sola. De este modo, con la melodía perfectamente localizada, será más fácil trabajar con los planos sonoros. De hecho, este trabajo con los planos sonoros será el primero que pediremos para trabajar en casa en la primera parte de la pieza.

Todo este primer acercamiento acontecido en esta primera sesión será más que suficiente para que nuestra alumna pueda abordar de manera autónoma el repertorio.

En resumen, en esta primera clase hemos trabajado:

– Acercamiento al estilo mediante la improvisación con escalas pentatónicas
– Letra y melodía de *Cheek to cheek* y primeros acordes
– Primera parte de la pieza *Swing* como lectura a vista
– Análisis de *Summertime*, planos sonoros. Introducción y primera parte

Clase 2

Para iniciar esta segunda sesión, optaremos de nuevo por la improvisación en donde avanzaremos un paso más con escalas pentatónicas y la estructura del blues. En la clase anterior se presentó la escala pentatónica menor, a lo que añadiremos en esta clase la escala pentatónica mayor, que nos brindará nuevas notas para llenar de colorido las posteriores improvisaciones. Para hacer una comparativa con la escala de la clase anterior, empezaremos también en el traste V, que pisaremos con el dedo 2 en la primera cuerda, quedando así el patrón[89]:

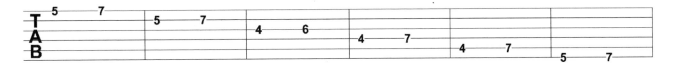

La digitación sería: 2-4, 2-4, 1-3, 1-4, 1-4 y 2-4. Aunque este es un patrón transportable es indispensable conocer bien el nombre de la nota que se pisa en cada momento para saber siempre cuál nota será de paso y cuál no, dependiendo de las tonalidades de cada fragmento o ejercicio de improvisación, al mezclar las escalas pentatónicas mayores y menores. De este modo no dependeremos tan sólo del patrón de la escala, sino que podremos movernos por el mástil más libremente, sin tener que depender únicamente de la memoria muscular. Para nuestra alumna propondremos, en un primer momento, la memoria muscular de los patrones de las escalas, pero trabajando también la memoria del nombre de los sonidos, que puede realizarse demandándole que cante las notas que toca, en ejercicios de improvisación con tempo lento. De este modo asociará el sonido con su nombre, su ubicación en el mástil y el dedo que lo pisa.

En cuanto a la estructura, podremos usar el esquema del blues que hemos trabajado en la clase anterior y ampliarlo a 16 compases, pues será la estructura original de la canción *Summertime*, en la que está basada la obra para guitarra que hemos programado para nuestra alumna. Podremos añadir acordes de paso y enfatizaciones de otros acordes para dar variedad y complejidad armónica, más cercana a la obra que se va a interpretar para guitarra sola:

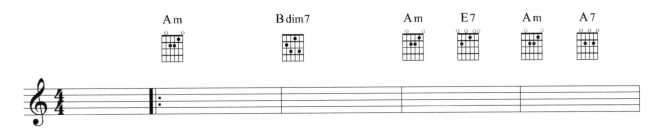

[89] Existen varios patrones posibles, puesto que la misma escala pentatónica es posible empezarla en cualquiera de las notas de la escala, teniendo en cuenta que la tónica es La. Describimos aquí únicamente el que empieza en la nota La de la primera cuerda.

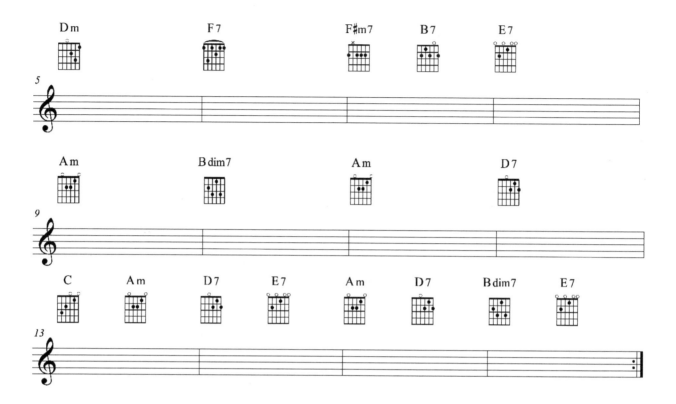

Llegados a este punto, y antes de pasar a la música escrita, repasaremos nuestra canción de toque de oído, donde el profesor acompañará con los acordes y nuestra alumna tocará la melodía. Seguidamente enseñaremos los acordes, es decir, los acordes que pueden aparecer, si comprobamos que el alumnado tiene dificultades para obtenerlos de oído. En nuestro caso, nuestra alumna no estaba muy familiarizada con este tipo de música por lo que escribiremos en una hoja todos los acordes que vamos a utilizar y su posición en el mástil. El ejercicio entonces consistirá en poder colocarlos en el sitio adecuado. Una vez ubicados los acordes podremos solicitar que toque con swing. Si puede realizar el acompañamiento con swing de forma natural, entonces será el momento de pedirle que cante la melodía (ya sea con las notas o de manera vocalizada) a la vez que se acompaña con la guitarra. Es un ejercicio que parece en un principio superfluo pero complicado si queremos mantener el swing a lo largo de toda la canción, pues se crean polirritmias con respecto al ritmo de la voz difíciles de resolver. Si se trabaja de esta manera, disociando entre voz y guitarra, la compresión e interpretación cuando tenga que tocar melodía y acompañamiento en la guitarra serán mejores. Para trabajar de manera autónoma en casa, pediremos a nuestra alumna que invente una línea de bajo con la nota del bajo de cada acorde. Para guiarla podremos poner algún ejemplo para los primeros compases:

[90] Un sistema muy útil para la improvisación con escalas mayores y menores es el sistema CAGED, donde se asocian patrones de escalas a las formas de los acordes. Véase CORRALIZA, Diego, *Armonía y sistema CAGED en la guitarra clásica*, Pozuelo de Alarcón, Enclave Creativa Ediciones, 2013, pp. 36-43.

O bien:

Esta pauta será más que suficiente para que nuestra alumna pueda obtener una línea de bajo simple, que en la próxima sesión podrá simultanear con la melodía.

Dejaremos para el final de la sesión la lectura a vista ya que tendremos que invertir más tiempo con la partitura del arreglo de *summertime*, puesto que habrá pasajes de dificultad técnica donde tendremos que detenernos. Para empezar, recordaremos la melodía con swing, que el profesor podrá acompañar con los acordes que hemos usado en la parte de improvisación o bien tocar las partes de acompañamiento de la partitura. Pediremos seguidamente que toque las partes de acompañamiento escritas en la partitura y cante a la vez las notas de la melodía, para después tocar todo en la guitarra. Una de las dificultades que entraña esta partitura es el cambio de posición con las cejillas. Un posible lugar donde es probable que nuestra alumna encuentre esta exigencia técnica será en los compases 19-21:

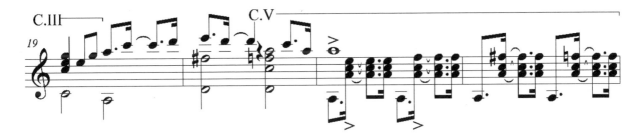

Una de las herramientas para superar este reto técnico será tocar desde el final, es decir, tocar el primer tiempo del compás 21 e ir añadiendo notas desde atrás[91], pero siempre tocando en el sentido normal de la música, es decir, de izquierda a derecha. Supongamos que nuestra alumna encuentra mucha dificultad al llegar al primer tiempo del compás 20, donde hay un acorde de Re mayor con apoyatura, y no puede tocar con fluidez el cambio de posición:

---

[91] Véase el recurso titulado Desde el final, en la parte dedicada a procedimientos de este mismo libro.

Aparte del ejercicio de tocar desde atrás, podremos también crear un ostinato con este cambio y realizar una improvisación sobre estos acordes. En principio nuestra alumna repetirá de manera cíclica este pasaje y el profesor improvisará, que como podemos ver será sobre la armonía de La menor y Re mayor. Posteriormente cambiaremos los roles y será nuestra alumna quien invente y el profesor realizará el ostinato. El objetivo principal de esta manera de trabajar será que nuestro alumnado trabaje aisladamente un pasaje sin que esté presente la desidia de la mera repetición. Fabricamos entonces de un ejercicio meramente mecánico una oportunidad para fomentar la creatividad de manera amena, a la vez que se trabaja la técnica. También será posible cambiar el ritmo escrito del ostinato por otros que invente el alumnado o el profesor. De esta manera abordamos el mismo trabajo técnico de diferente forma, y así nuestra estudiante podrá divertirse cuando practique únicamente la técnica. Si en el desarrollo de la clase hemos optado por dejar para más adelante la improvisación e intuimos que es probable que no podamos dedicarle mucho tiempo, ésta es una manera muy eficaz de que este principio esté presente.

Para finalizar esta sesión abordaremos la segunda parte de la obra *Swing*, para el trabajo de la lectura a vista. Esta segunda parte se halla en la tonalidad de Do mayor con una modulación final hacia La menor, por lo que no es necesario preparar la tonalidad con ninguna escala o ejercicio de ordenamiento ya que venimos de tocar la obra escrita que tiene la misma armadura. Lo que sí es probable que necesitemos, para una mayor fluidez con la mano que pisa las cuerdas en el mástil, es un ejercicio que prepare la independencia de los dedos para poder tocar con dedos consecutivos en cuerdas muy separadas. Una propuesta de ejercicio técnico puede ser éste:

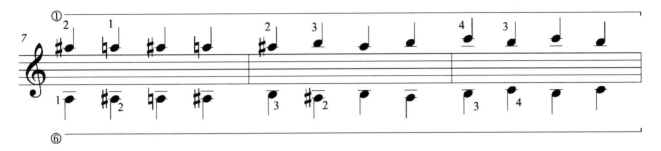

Empezaremos en el traste V porque en este lugar del mástil los trastes son de menor tamaño. Con el tiempo podremos practicarlo en primera posición. Siempre es importante que no hagamos un mero ejercicio de repetición, proponiendo matices, tempos, diferentes ritmos, etc., que mantengan la atención del alumnado y el interés por practicarlo. Una vez realizado el ejercicio podremos abordar la lectura a vista sin más preocupaciones que la destreza visual y lectora del intérprete. Dejaremos la globalidad de esta pieza para la siguiente sesión.

En resumen, en esta segunda clase hemos trabajado:

– Improvisación con escalas pentatónicas menores y mayores, y con la estructura de la pieza de literatura
– Ubicación de acordes en el acompañamiento de la canción
– Elaboración de una línea de bajo para el acompañamiento
– Resolución de dificultades técnicas en la pieza de literatura
– Ejercicio técnico de precisión en el mástil
– Lectura a vista con todos los elementos de agógica y dinámica

Clase 3

Establecer un mismo esquema para cada clase y realizarla de la misma manera y en el mismo orden supone una buena herramienta de organización para profesores, pero puede dejar al alumno sin la necesaria renovación y dinamismo del profesor que se instala en la rutina. Por este motivo es importante no realizar siempre la clase en el mismo orden, dependiendo de las necesidades del alumnado y de nuestros objetivos prefijados. Hacer lo mismo de distinta forma es un arte necesario en la pedagogía de cualquier instrumento. Iniciaremos entonces la clase con la lectura a vista, abordando la obra desde el primer compás, con todas sus repeticiones, matices y articulaciones. Aunque no será una auténtica repentización, sí nos valdrá para valorar las capacidades lectoras pues es una partitura que nuestra alumna no tiene en su poder, ni puede practicar de manera autónoma. Será imprescindible evitar las pausas y la fluidez interpretativa.

Después de la lectura a vista pasaremos al toque de oído con nuestro *Cheek to cheek*, que tienen en común la tonalidad de Do mayor y el ritmo de swing. Le pediremos a nuestra alumna que toque la melodía y seguidamente la línea del bajo que encargamos que realizara en casa para poder comprobar si es posible que la línea melódica y la del bajo puedan interpretarse de forma simultánea en el mismo instrumento o por el contrario es necesario transportarla. En este caso, al no ser la línea del bajo muy elaborada y limitándose al bajo del acorde con algún arpegio intermedio en las notas largas de la melodía, se podrá tocar en la tonalidad original que presentamos en la primera sesión, es decir, Do mayor. Para que el alumnado pueda tocar una versión instrumental para guitarra sola, es necesario un trabajo previo en profundidad de los acordes que acompañan a la canción: Habrá que dedicarle una buena parte de la clase a la conciencia y posterior memorización de las notas que componen cada acorde[92] y su ubicación en la melodía, puesto que este trabajo que se propone ha de realizarse sin la ayuda de ninguna partitura o soporte escrito. En un principio nos puede parecer una tarea muy complicada de llevar a cabo sin la ayuda de la escritura musical, pero lo único necesario es preparación por parte del profesor[93] y mucho trabajo en clase con música sin soporte escrito, para acompañar y crear segundas voces y acompañamientos. Como se ha indicado anteriormente, un paso intermedio para poder tener mayor conciencia del acompañamiento y poder encajarlo con la melodía, será cantar la melodía y tocar la línea del bajo de manera simultánea. Este paso intermedio en este caso tiene una realización muy compleja para lo que convertiremos este paso intermedio en percusión, donde cada mano puede realizar una voz, percutiendo su ritmo. Para la conciencia de las notas se realiza esta polirritmia con ambas manos la primera vez cantando las notas de la melodía y una segunda vez cantando las notas de la línea del bajo:

- 1ª vez: ritmo de melodía con mano que pulsa + ritmo del bajo con mano que pisa + voz cantando las notas de la melodía

- 2ª vez: ritmo de melodía con mano que pulsa + ritmo del bajo con mano que pisa + voz cantando las notas de la línea del bajo

También podremos realizar el ejercicio cambiando de rol las manos, es decir, que la mano que antes realizaba el ritmo de la melodía ahora percuta el ritmo de la línea del bajo. La voz siempre será un elemento coadyuvante para realizar con éxito una polirritmia. Todos estos ejercicios preparatorios tienen como objetivo que nuestra alumna tenga bien interiorizada la versión final para guitarra sola, completamente memorizadas las líneas del bajo y melodía y pueda tener una idea global de la armonía. Cuando todos estos elementos están asimilados y estructurados nuestra alumna será capaz de obtener una buena versión de la canción y podrá también hacer variaciones según su propio criterio, puesto que le será posible realizar improvisaciones sobre la estructura y armonía de la misma. Aunque en un principio nos parezca imposible, en esta sesión o en una

[92] Para tal fin podremos hacer uso de ejercicios de ordenamientos que impliquen las notas del acorde.
[93] La preparación del profesor conlleva estudiar la canción que se va a presentar realizando transportes, realizar diferentes acompañamientos, realizar varias versiones para guitarra sola, etc.

o dos posteriores (dependiendo de la motivación y capacidades del alumnado), nuestra joven guitarrista podrá tocar su versión para guitarra sola sin haber nunca visto una partitura de *Cheek to cheek*, que bien podría ser ésta:

Cheek to cheek

Para continuar con esta sesión, volveremos a la partitura de *Summertime*, para solventar cualquier dificultad técnica o musical no superada. También debemos demandar la explicación de
la sesión de estudio en casa para asegurarnos de que nuestra alumna ha seguido los mismos
procedimientos y pautas que dimos en la clase anterior. Será imprescindible profundizar en
aspectos como el sonido y el fraseo, con mayor libertad para la expresividad dentro del estilo
característico de esta música. Lo más importante será la asimilación de este estilo mediante
los cambios e irregularidades rítmicas. Enlazaremos nuestra pieza escrita con la improvisación
mediante la forma (analizada en la clase anterior) y usando recursos tan característicos como
las escalas pentatónicas. Podremos aprovechar la parte de la clase dedicada a la improvisación
para enseñar la técnica denominada *bending*, si se da el caso de que aún no es conocida por el
alumnado. Terminamos entonces la clase con una buena sesión de improvisación basada en la
obra escrita que se está trabajando. Así conseguiremos mejores resultados en la improvisación
al poder realizar variaciones de la pieza, pero a su vez se mejorará el resultado interpretativo
con la partitura al abordarla desde la improvisación, pues la estructura y la armonía quedan
analizadas de una forma eminentemente práctica.

En resumen, en esta tercera clase se ha trabajado:

– Lectura a vista o análisis de la capacidad lectora
– Versión para guitarra sola de la canción de oído
– Profundización en la interpretación de la pieza escrita
– Improvisación basada en la obra escrita

Caso práctico n° 5

Carla es una niña de 9 años con dificultades de aprendizaje. Presenta una discapacidad intelectual leve[94] con alguna insuficiencia en la motricidad fina. Nos encontramos al principio de su segundo curso en el aprendizaje de la guitarra, por lo que ya tiene las nociones básicas de las características del instrumento y su técnica. Tiene una capacidad de concentración limitada pero su entorno familiar es muy bueno y está muy implicado en su educación musical, por lo que obtiene mucha ayuda con el estudio en casa.

Para este caso práctico usaremos el siguiente material didáctico:

– Toque de oído: *Ya llegó* (Edgar Willems)[95]
– Literatura instrumental: *La tarde* (José M. González)
– Lectura a vista: *El sonido del bosque* (José M. González)

Clase 1

Cuando nos encontramos con alumnos con necesidades especiales, tendremos que tener en cuenta estas necesidades y realizar así una buena adaptación curricular. Para realizar dicha adaptación es imprescindible la comunicación con la alumna y su familia, así como el contacto y colaboración con centros y organizaciones especializadas que nos pueden aportar mucha información para orientarnos en el proceso de aprendizaje. Para nuestra alumna Carla no será necesario ningún material específico porque su discapacidad intelectual está clasificada como leve y nos bastará una adaptación curricular de los objetivos y contenidos, así como un contacto continuo con su familia, tanto para dar como para recibir pautas que ayuden en su aprendizaje del instrumento. Como su capacidad de concentración es limitada podremos empezar en esta primera clase con algo que no requiera de un esfuerzo intelectual como es el toque de oído. Hemos adaptado la programación a su ritmo de aprendizaje, por lo que tocará una canción breve con un ámbito melódico de tres notas por grados conjuntos:

---

[94] Según la clasificación del DSM-IV, *Manual de diagnóstico y estadístico de los trastornos mentales,* editado por la Asociación Estadounidense de Psiquiatría.
[95] WILLEMS, Edgar, *Canciones de dos a cinco notas…* op. cit. p. 13.

Ya llegó

Edgar Willems

ya lle - gó ti - ra li - ra - li - ra ya lle - gó ti - ra - li - ra - ló

Presentaremos la canción de la misma manera que hemos descrito en casos anteriores, en donde el profesor cantará la canción con la letra acompañándose de los acordes. La letra de la canción es un elemento importante no solo porque ayuda a la memorización de la melodía sino porque evoca el mundo imaginario de nuestra pequeña alumna. Será necesario repetirla varias veces para que asimile y memorice la melodía y la letra, así que trataremos en cada repetición de realizar diferentes matices y caracteres, usando nuestro mejor sonido y expresión corporal para su interpretación. Es imprescindible que el profesor apele directamente a la capacidad de asombro y entusiasmo del alumnado, que supondrá una motivación extra tanto para el docente como para el discente. Una vez asimilada la letra pasaremos a la memorización de las notas que intervienen (en este caso Sol, La y Si) realizando el mismo procedimiento que con la letra. Para una mayor conciencia de la línea melódica realizaremos el movimiento sonoro[96] con el gesto de la mano. Será necesario repetirlo varias veces porque nuestra alumna presenta dificultades en la memorización de estos elementos. Para ayudarla podremos en un primer momento realizar con ella el movimiento de la mano (incluso cogiéndole la mano para guiarla) y cantar las notas. Seguidamente realizaremos sólo el gesto y ella cantará las notas guiada por la mano del profesor. Por último, nuestra alumna tiene que ser capaz de realizar el gesto a la vez que canta sin la ayuda del profesor. Cuando estamos seguros que todo queda memorizado y asimilado, pasaremos al instrumento. Como podemos observar, la tonalidad en la que presentamos la canción requiere un cambio de cuerda, elegido así porque Carla ya conoce el funcionamiento de la guitarra y este principio técnico está superado. Realizamos un breve recordatorio de la ubicación de las notas que intervienen en la canción con un pequeño dictado oral de motivos melódicos muy breves (recordemos la dificultad de memorización de nuestra alumna) y parecidos a la canción. Cuando Carla toque la canción, lo hará siempre en pequeños motivos que se irán añadiendo y además se ayudará de su voz, es decir, cantará las mismas notas que toca. En esta primera sesión solo memorizaremos la mitad de la canción puesto que el proceso tan desgranado que hemos utilizado ha requerido de bastante tiempo. Pediremos a nuestra pequeña guitarrista que toque y cante (con el nombre de las notas) a la vez la mitad de la canción. Posteriormente también demandaremos que toque esta mitad pero que cante las notas en su mente, es decir, en audición interior[97].

---

[96] Véase el recurso titulado Movimiento sonoro en el capítulo dedicado a los procedimientos de este mismo libro.

[97] Para mayor información sobre la importancia de la audición interior y ejercicios para su desarrollo, véase WILLEMS, Edgar, *El oído musical. La preparación auditiva del niño*, Barcelona, Paidós Ibérica, 2001, pp. 135-137.

Seguidamente, con dinamismo y sin pausa presentaremos una partitura para trabajar como literatura instrumental, en donde se trabajarán principios musicales comunes como el mismo ámbito melódico y el ritmo de corcheas:

Me columpio

José M. González

La presentación siempre es un momento importante donde apelaremos a la imaginación de nuestra alumna, por lo tanto, será muy importante explicar el título y hacer referencia a la esencia de la pieza, en este caso un balanceo. Una buena motivación siempre tendrá como consecuencia una buena interpretación. En esta presentación tocaremos la pieza varias veces y cada vez con un carácter distinto que notificaremos con palabras a nuestra alumna. Por ejemplo, si tocamos fuerte y rápido podremos decirle que nos columpiamos con mucha energía, si lo hacemos suave y lento podremos decirle que es de noche, o estamos muy cansados… En definitiva, hacer referencia a situaciones con las que la alumna esté familiarizada y le ayuden en su posterior interpretación. Estas aclaraciones nos pueden parecer en un principio bastante naíf, pero serán de gran ayuda si sabemos buscar el equilibrio en ellas.

Al igual que en el toque de oído, el texto de la canción será una herramienta para memorizar mejor la pieza. En este caso no tenemos texto, puesto que es una pieza pensada para guitarra sola. La carencia de una letra se nos presenta como una estupenda oportunidad para crear un texto para la pieza en clase, con la ayuda de nuestra alumna. Este ejercicio será muy beneficioso no sólo para la memoria, sino que el alumnado siente que la pieza es más suya puesto que lleva un texto creado por ellos y su motivación se verá incrementada considerablemente. La creación de este texto no debe ser algo complejo que nos lleve mucho tiempo, puesto que es muy importante que no se pierda el dinamismo de la clase, sino que debe ser algo espontáneo y rápido para que la alumna no pierda la capacidad de atención. Seguidamente al texto que hemos inventado cantaremos con ella el nombre de las notas, varias veces la pieza completa, para posteriormente pararnos motivo a motivo para comprobar si la ha memorizado correctamente. Es importante trabajar desde lo global a lo concreto, de ahí que primero se cante la pieza completa, aunque no se tengan muy bien asimiladas todas las notas exactamente. Para esta clase solo memorizaremos la mitad de la canción, debido a las dificultades de memorización que se presentan en este caso. Como son notas que acaba de tocar en la canción de oído, podremos evitar detenernos en cuestiones de técnica en el cambio de cuerdas. Cuando el profesor haya comprobado que está correctamente memorizada la mitad de la pieza, acompañará entonces con acordes o segundas voces, y pedirá diferentes matices y caracteres para este fragmento. Como llevamos apuntando desde el principio de este libro, la expresividad tiene que estar presente desde el primer momento.

Para fomentar su capacidad de repentización, pasaremos a una lectura a vista, que en este caso será un poco menos exigente técnicamente pues solo tendrá las notas Sol y La, evitando así el cambio de cuerda:

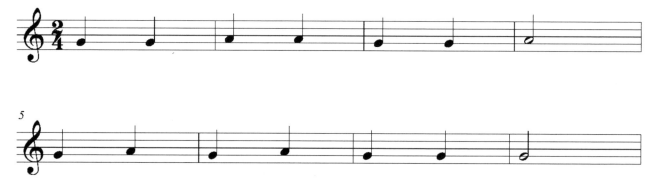

Dejaremos que nuestra alumna haga una primera lectura diciendo o cantando el nombre de las notas, y posteriormente le preguntaremos cuántas notas diferentes han aparecido y cuáles son. También preguntaremos dónde se tocan Sol y La en la guitarra y podremos realizar un pequeño ejercicio de velocidad con carácter lúdico, el cual consiste en cantar o decir muy rápidamente una de estas dos notas que nuestra alumna tendrá que tocar todo lo rápido que pueda. Se trata de un juego de acción-reacción trabajando la rapidez de pisar con el dedo 2 en el segundo traste de la tercera cuerda. Antes de tocar podremos realizar un ejercicio de preparación, anteriormente descrito, en donde nuestra alumna pueda realizar una recreación del movimiento de sus manos a la vez que va siguiendo la partitura, siempre sin tocar[98]. Una vez hecho esto, podremos dejar que nuestra alumna toque y escuche por primera vez en su guitarra cómo sonará esta pequeña pieza. Al haber invertido mucho tiempo en la preparación de la lectura, solo trabajaremos la primera mitad de la pieza, para así empezar en el segundo pentagrama en la próxima clase.

Para estructurar nuestra primera sesión de una manera cíclica, finalizaremos esta primera clase con música sin soporte escrito (igual que hemos empezado) pero ahora adentrándonos un poco en la improvisación. El primer tipo de improvisación que practicaremos será la improvisación libre, en donde la única pauta a seguir será las notas que hemos estado trabajando durante toda la sesión, es decir, Sol, La y Si. Una vez que nuestra alumna haya dado rienda suelta a su creatividad, seguiremos con la improvisación libre, pero con una pauta añadida, el autodictado.

---

[98] Véase el recurso titulado Tocar sin tocar, el apartado dedicado a los procedimientos de este mismo libro.

Los motivos inventados serán libres, pero primero serán inventados con la voz y seguidamente, nuestra alumna tendrá que tocar exactamente lo que ha cantado. Al inventar con la voz, la improvisación no estará condicionada por limitaciones técnicas (sólo melódicas, acotándose tan sólo a tres notas), resultará beneficiosa para el desarrollo de la memoria y podremos trabajar también la afinación de la voz, de vital importancia para el desarrollo instrumental, independientemente de la habilidad manual.

En resumen, en esta primera clase se ha trabajado:

– La primera mitad de la canción *Ya llegó*
– La primera parte de la pieza *Me columpio*
– La primera parte de una lectura a vista
– Improvisación libre con las notas estudiadas e improvisación con autodictado

Clase 2

Para dar un orden a la enseñanza de Carla y crear una rutina necesaria con un mismo esquema, que ella demanda y necesita, seguiremos un mismo esquema en todas las clases: toque de oído, literatura, lectura a vista e improvisación. Continuaremos entonces con la canción *Ya llegó*, recordando su primera parte y solventando si existen lagunas de memoria con esta parte. Una vez constatado que esta parte está bien asimilada, continuaremos con el mismo *modus operandi*, es decir, cantando con la letra y posteriormente con las notas, primero la canción al completo y después haciendo hincapié en esta nueva segunda parte (trabajando así de nuevo desde lo global hasta lo concreto). No será necesario insistir demasiado puesto que las dos partes son iguales con la diferencia del final. Es muy importante recordar que el profesor debe acompañar al alumnado, incitándole a diferentes interpretaciones con cambios de carácter, tempo, matices, etc. Finalmente serán los alumnos los que elijan su interpretación en la versión final, pero hasta llegar a ésta será fundamental dar muchas opciones de interpretaciones diferentes para así seguir el orden lógico de nuestra metodología (escuchar-reproducir-inventar). El objetivo de esta parte de la clase será en esta ocasión que nuestra alumna pueda memorizar e interpretar con fluidez la segunda parte de la canción, aunque la canción completa siempre esté presente.

Siguiendo nuestro esquema establecido para esta alumna, abordaremos a continuación la pieza escrita como obra de repertorio. Trazaremos un plan de actuación igual que hemos hecho con la parte de toque de oído, es decir, recordaremos el primer pentagrama trabajado en la sesión anterior y nos dispondremos a empezar con el segundo una vez comprobado que está totalmente asimilada la primera parte de la pieza. Esta segunda parte la dividiremos en dos frases, en donde la primera lleva el ritmo de corcheas. Nuestra alumna Carla no es especialmente hábil con la mano encargada de pulsar las cuerdas, por lo que, aparte de la preparación que le ha supuesto tocar corcheas en la canción de oído, necesitaremos una preparación mayor con un pequeño dictado que exija fluidez en la alternancia de los dedos índice y medio. No sólo debemos preparar la técnica requerida sino también el impulso rítmico. Hacer que nuestra alumna percuta el ritmo de la canción con dinamismo y velocidad será de vital a importancia para que con los dedos quiera llegar a interpretar con el mismo impulso y dinamismo. El resultado musical final que se consigue sin el instrumento es el resultado que ella tendrá como modelo y al que aspirará cuando toque, siendo el profesor una guía y empuje importantes para conseguirlo, sin dejar que se pierda el tempo o el carácter (en definitiva, la esencia de la pieza), por razones meramente técnicas. Para acrecentar la fluidez de los dedos al pulsar las cuerdas podremos convertir toda esta segunda parte en corcheas, como ejercicio de variación rítmica, una vez que quede bien asimilada y memorizada tal cual está escrita. Quedaría entonces el ejercicio de esta segunda parte así:

Podremos también recuperar la letra inventada para esta pieza y adaptarla a la variación de las corcheas, lo cual será muy positivo para la precisión rítmica. Las posibles variaciones las realizaremos en la próxima sesión, para trabajar la creatividad e improvisación a la vez que el análisis práctico de la forma.

Será el momento entonces de continuar con la lectura a vista, donde seguiremos insistiendo en la capacidad de repentización con las dos notas de la tercera cuerda. En este caso no recordaremos la primera parte trabajada en la clase anterior, puesto que no se trata del estudio de una partitura, sino de practicar y entrenar las capacidades lectoras, por lo que empezaremos directamente por la segunda parte que nos quedó pendiente en la clase anterior. En esta segunda parte tenemos la dificultad del cambio de nota en cada negra en el primer motivo (dos compases). Deberemos repetir el mismo proceso que en la clase anterior, aunque no será necesaria tanta preparación, simplemente recuperar el ejercicio de acción-reacción con las notas Sol y La, para evitar pausas en la interpretación de la partitura. La recreación mental de los movimientos de la mano también debe estar presente, que es lo que garantiza la fluidez.

Los últimos minutos de la clase dedicados a la improvisación los usaremos para abordar el concepto de forma, pero alejados de intelectualismos, de una manera práctica e intuitiva. El objetivo será entonces llegar a una improvisación con cuadratura, bajo la forma: pregunta-respuesta (no conclusiva)-pregunta-respuesta (conclusiva). De esta manera tendremos cuatro motivos de los cuales el último será el que tenga carácter conclusivo. Para llevar esto a cabo estableceremos un compás, que bien puede ser el compás de dos tiempos (igual que la pieza de literatura) con una estructura armónica clara y la misma extensión que las obras que se están trabajando, ocho compases:

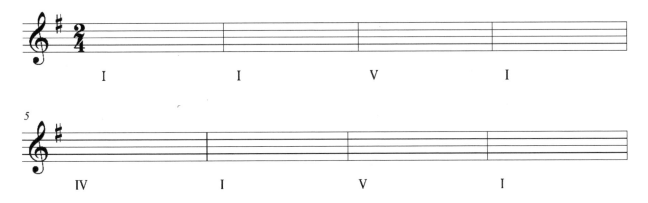

Esta estructura con los acordes de los grados es la que debe tener muy clara el profesor, ya sea para una improvisación sin acompañamiento en donde el binomio pregunta-respuesta se realiza entre profesor y alumna, o bien el profesor acompaña con los acordes y es nuestra alumna la que realiza la cuadratura completa improvisando. Si el docente no acompaña con los acordes, obtener la cuadratura será más complicado, aunque no imposible, siempre que sea capaz de dar ejemplos de cuadraturas completas y dando pautas concretas como son las notas en las que debe empezar y terminar la invención melódica. En un principio, en esta cuadratura solo usaremos las tres notas que han aparecido en el repertorio, aunque no censuraremos otras notas casuales en consonancia con la tonalidad. Cuanto más tiempo estemos improvisando mejores invenciones melódicas conseguirá nuestra alumna a medida que pasa este tiempo. Es importante no parar al final de la cuadratura, sino más bien enlazar de manera cíclica para que nuevamente no desaparezca el dinamismo al que tanto apelamos. Una opción válida será sustituir la pauta del tricordio Sol-La-Si por el pentacordio Sol-La-Si-Do-Re que aportará mayores posibilidades melódicas.

En resumen, en esta segunda clase se ha trabajado:

– Segunda mitad de la canción *Ya llegó*
– Segunda mitad de la canción *Me columpio*
– Ejercicio de variación como recurso técnico
– Segunda mitad de la lectura a vista
– Improvisación en una cuadratura con las notas trabajadas

Clase 3

Volveremos a empezar la clase por la canción *Ya llegó*, realizando un recordatorio de la canción completa haciendo que nuestra alumna la cante con la letra, con las notas y que posteriormente la toque de manera fluida para asegurarnos que la tiene bien asimilada. Pediremos entonces que se ponga especial cuidado en la interpretación, es decir, los matices y la articulación. Como se trata de una canción muy breve se pueden realizar varias repeticiones para trabajar la pulsación necesaria para los cambios de dinámica. Establecer una forma con tres o cuatro repeticiones dará como resultado una forma concreta. La articulación y la dinámica contribuirán de manera notable al orden de esa forma. Podríamos transportar la pieza (siguiendo las pautas estudiadas en casos anteriores) para trabajar la pulsación en otras cuerdas si es que nos interesa para la técnica, pero también será de vital importancia dar dimensión armónica a la canción, para lo cual trabajaremos las segundas voces. Hay tres opciones muy fáciles de llevar a la práctica (aunque existen muchas más) para la creación de segundas voces con esta canción: las terceras, las sextas y la quinta o cuarta de caza[99]. Para presentar una segunda voz será necesario que nuestra alumna tenga muy bien asimilada la canción y así el profesor pueda tocar la segunda voz. Podremos entonces enseñar esta segunda línea melódica de la misma manera que la canción original, con letra y notas, puesto que se trata de una textura homofónica y todas las voces llevan el mismo ritmo. Se puede proceder a tocar a dúo alumna-docente intercambiando los roles, y para una mayor dificultad y mayor asimilación armónica pediremos que cante una de las voces con las notas y toque la otra. Es un ejercicio complejo que requiere concentración, no solo para los alumnos sino también para profesores poco experimentados en este tipo de ejercicios. Si es viable técnicamente, el resultado final será que la alumna toque las dos voces simultáneas en su instrumento. Una de las opciones más fáciles de realizar para la canción *Ya llegó* será añadir una tercera por encima a cada nota de la melodía:

Otra opción serán las sextas, es decir, poner esta segunda voz por debajo de la melodía principal, donde trabajaremos también el pulgar:

La tercera opción es la quinta de trompa o de caza[100], donde los intervalos armónicos resultantes serán 6ª, 5ª y 3ª entre las dos voces:

[99] La quinta o cuarta de caza o de trompa, es el resultado del movimiento directo de dos voces, en donde una de ellas se mueve tres notas (tricordio) por grados conjuntos ascendentemente desde los grados I, IV o V de la tonalidad, y la otra voz realiza melódicamente la primera inversión del acorde del grado. Si por ejemplo tenemos en la voz superior tres notas seguidas desde la tónica en Sol mayor: Sol-La-Si, en la voz inferior tendremos melódicamente la primera inversión del acorde de tónica Si-Re-Sol. Al tocar de manera simultánea estas dos voces quedarán los intervalos armónicos de 6ª, 5ª y 3ª. Véase CHAPUIS, Jacques, *Elementos de solfeo y armonía…* op. cit. p. 58 y pp. 90-92.
[100] Su nombre proviene del sonido característico de la llamada trompa natural usada a menudo en las cacerías a caballo, que en muchas ocasiones eran pares de trompas, resultando este intervalo armónico tan característico.

El efecto sonoro de esta tercera opción es muy peculiar y podremos usar una de estas tres diferentes segundas voces para trabajar técnicamente algo concreto o bien para cambiar totalmente el carácter de la canción, a la vez que se trabaja el oído armónico. Todas estas opciones pueden ser viables si queremos invertir un número mayor de clases en la misma canción y profundizar más en ella. De hecho, una misma canción la podremos trabajar de múltiples formas, con un nivel técnico progresivamente más exigente y apelando a los diferentes planos de la música: ritmo, melodía y armonía.

Proseguimos nuestra sesión con la pieza escrita (*Me columpio*) para comprobar la fluidez en la interpretación. Aunque desde el primer momento Carla debe tocar siempre con expresividad y cuidando el sonido, llega el momento de elegir una interpretación para anotarla en la partitura, que carecía de indicaciones dinámicas. Una manera eficaz de trabajar este aspecto será realizar varias opciones para nutrir de ejemplos a nuestra alumna y que pueda elegir entre muchas opciones posibles (siguiendo el principio básico de nuestra metodología: escuchar-reproducir-inventar)[101]. Recordemos que la interpretación un poco «exagerada», la dramatización y los gestos corporales pueden contribuir positivamente a la receptividad de Carla, aumentando su atención y motivación. Apelamos de nuevo aquí a la importancia de la actitud del profesor.

Una vez asimilada la obra en su estructura, invitaremos a una improvisación basada en la variación rítmica o melódica de la pieza original. El profesor puede acompañar con acordes para favorecer la impregnación armónica y facilitar el reconocimiento de la forma de manera auditiva, sin demasiadas explicaciones teóricas:

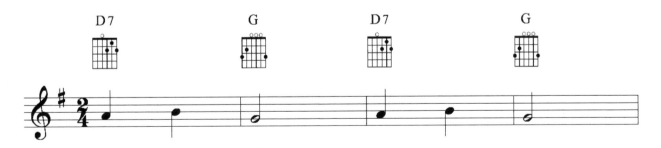

---

[101] Véase el recurso llamado Dictado de dinámicas, dentro del capítulo de procedimientos de este mismo libro.

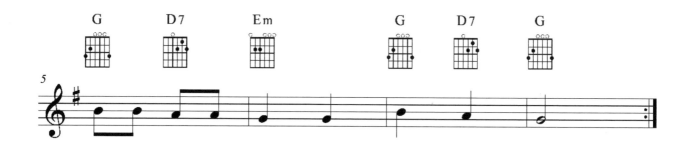

Una vez tocada varias veces podremos pedir a Carla que realice una variación rítmica sin cambiar las notas, donde sobre todo aprovechará las notas de mayor duración. Es necesario tocar varias veces sin parar para infundir cierto dinamismo y que las invenciones sean progresivamente más variadas y ricas. Supondremos que nuestra alumna ha improvisado rítmicamente así:

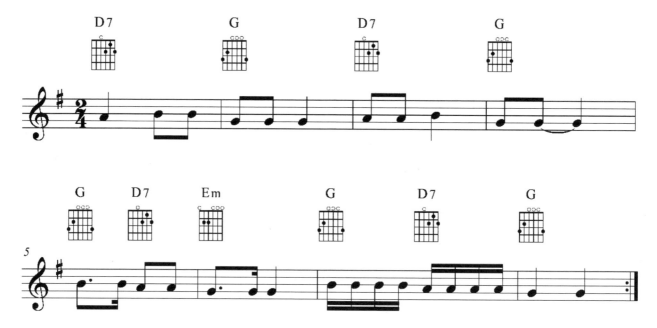

Al no estar sujeta a la partitura, tan solo a unas notas que ya controla técnicamente muy bien, podremos obtener de ella una riqueza rítmica más avanzada de lo que sería capaz de leer en el pentagrama. Para una variación melódica haremos uso de notas de paso y bordaduras. Para una mayor creación melódica daremos como pauta que empiece y finalice en las mismas notas que la original y en la misma tonalidad (con la advertencia del Fa sostenido), evitando así explicaciones muy teóricas sobre los acordes y las notas «permitidas» que acabarían con la espontaneidad y motivación. En un principio aparecerán notas disonantes, pero a medida que vayamos repitiendo de manera cíclica esta estructura de acordes irán desapareciendo por pura intuición y corrección auditiva. No debemos suprimir las explicaciones armónicas, sino que las dejaremos para cuando nuestra alumna esté más avanzada en su formación musical. La idea básica es poder practicar la improvisación, aunque no se tengan conocimientos abstractos de armonía, sin tener que llegar a tenerlos para que aparezca la creatividad en el aula.

A continuación de esta parte un poco más lúdica, volveremos a requerir un poco más de atención retomando la lectura a vista. Abordaremos ahora la misma lectura que en clases anteriores, pero al completo, para así también trabajar la capacidad de atención y concentración. Al tratarse de una lectura donde solo aparecen dos notas, que además ha sido vista en sesiones anteriores, lo más probable es que no tengamos que invertir mucho tiempo y la fluidez se consiga fácilmente. Aunque se haya visto anteriormente, podemos considerar esta pequeña pieza como lectura a vista puesto que se ha estudiado en clase sólo por fragmentos, con un espacio de varios días de por medio, por lo que a todos los efectos será como leerla por primera vez. Si nuestra alumna alcanza con rapidez la fluidez necesaria en la lectura podremos optar por introducir una nueva lectura que contenga una nueva nota, que puede ser Si (la lectura a vista para este caso práctico sólo contiene Sol y La). De esta manera seguiremos una progresión lógica, tanto musicalmente como técnicamente. Si no contiene indicaciones dinámicas deberemos añadírselas para que en su capacidad lectora también vaya incluida su capacidad para interpretar por primera vez una partitura, lo que incluye los matices, articulaciones, etc.

Aunque ya hemos abordado la improvisación gracias a la pieza de literatura, profundizaremos un poco más en la capacidad creativa de nuestra estudiante de guitarra. Hasta este momento, en esta parte final de la clase habíamos utilizado hasta un ámbito melódico de una quinta en la tonalidad de Sol mayor, o lo que es lo mismo, nuestra alumna solo había improvisado con las notas Sol-La-Si-Do-Re dentro de un esquema armónico cerrado como es una cuadratura. Ampliaremos un poco más y completaremos la escala de Sol mayor. Pediremos que nuestra alumna toque la escala y el profesor acompañará con un ritmo y unos acordes concretos. El acompañamiento puede estar en compás de dos tiempos, puesto que se ha trabajado mucho en la pieza escrita y estará bien asimilado. Un posible acompañamiento puede ser así:

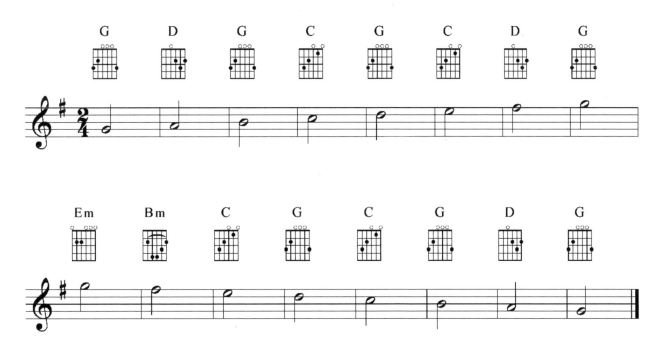

Para una mayor conciencia y trabajo con esta escala podremos practicar un ordenamiento muy sencillo que titularemos policordios[102], en donde el ejercicio consiste en ir añadiendo notas de la escala:

Como se trata de una invención puramente intuitiva, ésta podrá tener esta complejidad o incluso mayor, con figuras rítmicas que tardará varios cursos en aprender a tocar en una partitura escrita. Podríamos realizar el mismo ejercicio, pero no solo con la escala, sino con el ordenamiento de la bordadura superior, procediendo de la misma manera: primero tocando el ejercicio con un mismo ritmo y posteriormente inventando rítmicamente sobre ese ejercicio. Al tener como base una bordadura, eso hace que al variar de ritmo el ejercicio ya de por sí obtengamos una improvisación melódica, aunque bastante rudimentaria. Por más que parezca algo sencillo y evidente para el docente, siempre será un descubrimiento y fuente de alegría para el alumnado poder realizar ejercicios creativos donde se sientan verdaderos protagonistas de la realización de los mismos. Es en este hecho donde tenemos que poner especial atención como profesores, puesto que es en las emociones del alumnado donde debe empezar el *feedback* entre docente y discente, para retroalimentarnos y que la motivación pueda ser intrínseca y extrínseca en ambos roles. Improvisación rítmica con la escala:

[102] CHAPUIS, Jacques, *Motifs d'ordonnances… op. cit.*

En resumen, en esta tercera clase se ha trabajado:

– Canción de oído *En el mar* completa y realización de segundas voces
– La pieza completa *Me columpio* e improvisación sobre su forma y armonía
– Lectura a vista completa con matices incluidos
– Improvisación sobre la armonía de la escala de Sol mayor

Caso práctico n° 6

Alicia es una adolescente muy interesada en tocar la guitarra. Sigue de manera eficaz todos los contenidos de la clase de guitarra, aunque está muy interesada en la música pop actual de su tiempo y menos en la música clásica. Su nivel técnico es de final de segundo curso de segundo ciclo de enseñanzas básicas. Va a comenzar las enseñanzas profesionales.

Para este caso práctico usaremos el siguiente material didáctico:

– Toque de oído *Shape of you* (Ed Sheeran)
– Literatura instrumental: *Choros* (D. Semenzato)[103]
– Lectura a vista: *Lectura n° 18* (Emilio Calandín)[104]

Clase 1

Este caso práctico es bastante común en los conservatorios y escuelas de música, pues los adolescentes se sienten más cercanos a la música que les rodea en su vida diaria que a la música que se estudia y difunde en los centros de enseñanza. Esta es la principal razón de la elección del material didáctico, que aúna unos contenidos y objetivos técnicos específicos (como pueden ser la fluidez y rapidez al pulsar con i-m-a, apagados, etc.) con un repertorio mucho más actual en-globando al toque de oído en el *fingerstyle*. No se trata de hacer un repertorio que decide nuestra alumna sino englobar los contenidos y objetivos a trabajar en un repertorio en el que nuestra alumna tenga más interés. Siempre hay que buscar consenso y equilibrio en nuestras elecciones.

---

[103] MOURAT, Jean Maurice, *La guitare Classique*, vol. B, París, Editions M. Combre, p. 48.
[104] CALADIN, Emilio, RONCERO, Vicente y RUIZ DEL PUERTO, José Luis, *Lecturas para guitarra*, Piles Editorial de Música, 1998, Valencia, p. 16.

Nuestra alumna Alicia ya conoce la canción de oído, por lo que no habrá que invertir mucho tiempo en presentarla. Lo único recomendable para el profesor es tener a mano una letra con los acordes necesarios para acompañar y cantar junto a nuestra estudiante de guitarra la canción *Shape of you*. Cantar una o dos veces será más que suficiente para crear el ambiente necesario en el estilo de esta canción. Seguidamente podremos pedirle que toque los acordes, que en este caso el profesor habrá transportado a La menor puesto que es la tonalidad que también usaremos en la pieza de literatura instrumental. Los acordes necesarios para la introducción y la estrofa son sencillos: Am, Dsus2, F y G. Alicia está empezando las enseñanzas profesionales por lo que no debería tener mayor problema al tocarlos. Si esto sucediera se puede invertir un poco de tiempo de la clase en recordarlos e inventar ejercicios de ostinatos rítmicos para trabajar los cambios en la mano que pisa las cuerdas. Al inventar estos ejercicios rítmicos ya estaremos trabajando la improvisación y creatividad.

Seguidamente podremos presentar la partitura de *Choros* explicando que la tonalidad es la misma, teniendo en común con la canción la textura, puesto que es una pieza construida a base de arpegiar diferentes acordes:

También será de vital importancia contextualizar la obra, tanto cronológicamente como en el estilo musical. Una explicación breve y amena al principio bastará para entusiasmar y despertar el interés por la pieza en cuestión. La primera frase abarca los ocho primeros compases, repitiendo prácticamente los mismos acordes en la segunda, con alguna variante significativa. Por lo tanto, sería suficiente para la primera clase trabajar solo la primera parte de la obra, que corresponde a la primera hoja, aunque esto dependerá de la edición que usemos. Apelaremos a la capacidad de síntesis de la alumna haciendo que pueda tocar placados los acordes que aparecen arpegiados en la partitura. Es una buena manera para facilitar la memorización y la preparación de los cambios en la mano que pisa las cuerdas. Este trabajo debe hacerse acorde por acorde y compás a compás, afianzando todas las posiciones y cambios. Esta manera de trabajar nos llevará bastante tiempo puesto que no digitaremos un compás hasta que no se tenga asimilado el anterior. Hay que tener en cuenta que nuestra alumna no tendrá ninguna ayuda en casa para guiarse por lo que es fundamental asegurarnos de que recordará todo lo que debe hacer de manera autónoma.

Para finalizar esta primera clase, podremos trabajar una lectura a vista con características parecidas a la obra de literatura y la canción de oído. Terminamos de esta manera puesto que ya se ha trabajado la técnica, el toque de oído, la improvisación (ostinatos) y la literatura instrumental.

En este caso, la lectura de Emilio Calandín se ajusta en cuanto a técnica (arpegios) y tonalidad con respecto a lo trabajado anteriormente. También se deben usar apagadores, técnica que será necesaria en el *Choros* de Semenzato. Este es el principio:

Es posible que en esta primera clase nos hayamos quedado sin mucho tiempo para la lectura a vista así que podremos trabajar solo la mitad de la lectura o una sección, en función del tiempo que tengamos disponible. Lo importante aquí es que se trabajen las destrezas necesarias para leer a vista.

En resumen, en esta primera clase hemos trabajo:

– Acordes de la canción
– Improvisación de ritmos con los acordes
– Primera parte de la obra *Choros*
– Primeros pentagramas de la lectura a vista

Clase 2

Como hemos elegido una canción de oído en la cual Alicia tiene bastante interés nos encontraremos que están bien afianzados los cambios en los acordes. Deberemos insistir en que pueda disociar con naturalidad la voz del acompañamiento instrumental. Deberemos establecer un ostinato rítmico no demasiado complicado para el acompañamiento, ya sea el original o uno parecido. Una vez que constatamos que esta polirritmia voz-guitarra está superada nos adentramos en el camino hacia la versión instrumental. Para ello usaremos el ostinato rítmico original de la canción, que en la versión guitarrística quedaría de la siguiente manera:

Este ritmo no lo verá escrito nuestra alumna, ni nada en referencia a la canción de Ed Sheeran puesto que estamos en la parte dedicada al toque de oído. Para facilitar el aprendizaje de este pequeño ritmo, lo usaremos como base para la improvisación, de tal manera que primero nuestra estudiante se limitará a repetir en bucle este ostinato y el profesor improvisará alguna melodía. Seguidamente se invertirán los roles y será el profesor quien toque el ostinato para que pueda improvisar ella. La parte de la clase dedicada a la música sin partitura necesitará de mayor preparación por parte del docente. Seguidamente pasaremos a que nuestra alumna intente tocar la melodía, dándole algunas pautas si fuese necesario, como por ejemplo la nota inicial o el movimiento sonoro. El ritmo de la melodía es bastante complejo, pero como no tendremos la partitura escrita podrá tocarlo sin problemas de lectura, guiándose por lo que conoce de oído:

Intentaríamos realizar toda la melodía, tanto estrofa (como se ve en el ejemplo anterior) como el estribillo. Lo normal es que invirtamos bastante tiempo en este apartado pues intuir o «adivinar» las notas de la melodía en la guitarra puede no ser tan fácil en un principio. Este entrenamiento auditivo es de gran utilidad tanto para el conocimiento del mástil como para ayudar en la adquisición de las destrezas necesarias para realizar dictados melódicos en la asignatura de lenguaje musical.

Continuaremos nuestra clase abordando la obra de Semenzato, también con síncopas de corcheas y notas picadas que ya hemos trabajado en la canción, por lo que la dificultad de tocarlas ya se ha abordado, dando paso a la dificultad de leerlas. Constataremos que nuestra estudiante de guitarra ha practicado todo lo trabajado en la clase anterior y subsanaremos posibles errores o dificultades en la ejecución, ya sean técnicas o musicales. Seguidamente avanzaremos hacia la segunda parte de la partitura, donde podremos trabajar de la misma manera que en la clase anterior, afianzando cada frase o semifrase antes de pasar a la siguiente. Tendremos que estar especialmente atentos para evitar que haya un exceso de acumulación de fatiga muscular en las posiciones que requieren de estiramientos entre los dedos 1-4 de la mano que pisa las cuerdas.

Recuperamos entonces la pieza de lectura a vista que no había dado tiempo a finalizar en la clase anterior, abordando únicamente la parte nueva. Todas las dificultades de lectura y de técnica en la ejecución han sido abordadas en las partes anteriores de la clase, por lo que el desarrollo de esta parte no debería suponer mayor problema. Se puede preparar con el recurso que hemos llamado «Tocar sin tocar» en el apartado dedicado a los procedimientos.

En resumen, en esta segunda clase hemos trabajado:

– Ostinato rítmico de la canción
– Improvisación sobre la armonía y ostinato de la canción
– Melodía de la canción
– Segunda parte de *Choros*
– Segunda parte de la lectura a vista

Clase 3

En esta tercera clase podremos ya abordar al completo la canción y las partituras, tanto el *Choro* como la lectura a vista. Nuestra estudiante de guitarra ya tiene bien asimilada la estructura de la canción *Shape of you*, la armonía y es capaz de tocar la melodía a su tempo original, cosa que no es del todo fácil pues tiene un tempo rápido. Puesto que conoce la armonía y la melodía por separado es hora de crear la versión instrumental o *Fingerstyle*. El profesor había transportado previamente la canción a la tonalidad de La menor puesto que es una tonalidad idónea para tener los bajos de las funciones tonales en cuerdas al aire, lo que facilita mucho la digitación. Esto es muy importante puesto que nuestra alumna no dispone de la partitura, sólo de su memoria. Por consiguiente, le aconsejaremos a Alicia que toque como bajo la nota fundamental del acorde, pero no solo al principio de cada compás, lo cual sería más tedioso, sino cuando las pausas en la melodía lo permitan. Si la técnica de la alumna lo permite podremos meter también algún acorde:

La parte del estribillo de la canción quedaría con un ritmo en principio un poco más complejo, pero con un requerimiento técnico menor:

Es probable que tengamos que invertir algunas clases más en poder realizar una versión instrumental completa, aunque eso dependerá de cada caso. Es muy importante recordar que el profesor ha de saberse bien la canción y la versión instrumental pues es el ejemplo del que se nutre la alumna al no haber partitura alguna. La preparación de la clase por parte del docente es esencial, pero se hace más evidente cuando hay que guiar a la estudiante sin la ayuda de la música escrita.

En esta tercera clase comprobaremos el nivel de asimilación y madurez musical que posee nuestra alumna al realizar una interpretación completa de la partitura de Semenzato. Haremos uso de cada recurso pedagógico, descritos en el apartado de procedimientos, que sea necesario. Si hemos afianzado bien todos los retos técnicos y musicales que aparecen en la partitura, nuestra joven guitarrista no encontrará mayor dificultad ni la siempre temida sensación de que algo es demasiado difícil para tocarlo con fluidez y a tempo. Esto es importantísimo de cara a la motivación intrínseca y a evitar frustraciones, tanto en el docente como en el discente. Podremos pedirle también que toque la pequeña pieza trabajada como lectura a vista. No importan que ya no sea una lectura a vista «real» puesto que ya la había tocado por partes en las clases anteriores, lo verdaderamente importante aquí es el hecho de que se puedan poner en juego todos los mecanismos necesarios para desarrollar la capacidad de lectura. Otra opción será presentar una nueva lectura con las mismas características técnicas y musicales. Para finalizar esta tercera clase, usaremos la improvisación, repasando todo lo visto en clases anteriores y como novedad usaremos los acordes de la pieza de literatura para crear diferentes cadencias. Dentro de los cuatro primeros compases de *Choros*, tenemos ocho acordes que podremos usar como base de la improvisación, que a su vez será una fantástica herramienta para trabajar los cambios de posición que requiere esta obra, así como las cejillas y la precisión y rapidez al pisar las notas:

En resumen, en esta tercera clase hemos trabajado:

– La canción *Shape of you* al completo en su versión instrumental (*Fingerstyle*)
– La obra *Choros* completa
– Lecturas a vista
– Improvisación con los acordes y el ostinato de la canción y la creación de nuevas cadencias de base con los acordes de la pieza de literatura.

En todos los casos prácticos estudiados en esta parte del libro, se ha resumido al final de cada clase los contenidos musicales que se han llevado a cabo. La técnica no se ha señalado como objetivo puesto que es la herramienta para conseguir todos estos contenidos musicales, evitando caer así en meros ejercicios repetitivos alejados de fines artísticos y musicales. Es evidente que los ejercicios técnicos son necesarios, puesto que entrenan destrezas y habilidades que se consiguen con la repetición de movimientos, lo importante aquí es el enfoque. Si creamos por ejemplo un ejercicio para conseguir el arpegio p-i-m-a-m-i el objetivo será la técnica, mientras que si nos encontramos una obra con pasajes donde aparecen este tipo de arpegios, entonces crearemos un ejercicio a partir de los compases donde aparezcan estos arpegios. Si tenemos en cuenta esta segunda opción el objetivo será superar un reto técnico con un fin puramente musical. Debemos entonces de no establecer los objetivos de cada nivel en cuanto a la técnica y sí en cuanto a la música, convirtiendo así la adquisición de habilidades técnicas en un medio para conseguir objetivos dentro de la educación musical de los guitarristas.

No se ha especificado en ningún caso mano izquierda o mano derecha en la nomenclatura, con un claro fin pedagógico, puesto que la posición de la guitarra dependerá en muchos casos de la lateralidad de cada individuo.

ANEXO DE MÚSICA SIN PARTITURA

Para trabajar la música sin soporte escrito tenemos dos posibilidades: tocar de oído canciones y la improvisación, aunque la segunda puede estar basada en la primera. Para la primera opción, es decir, **el toque de oído**, recomendamos todas las canciones infantiles (en alumnos de corta edad) del cancionero popular de cualquier región geográfica siempre que tengan un objetivo musical y técnico claro. Si desconocemos un repertorio de música popular o folclórica recomendamos el cancionero utilizado en la metodología Willems[105], compuesto por dos libros, el primero con canciones de dos a cinco notas y el segundo con canciones de intervalo y acordes. Todas estas canciones se encuentran en una progresión musical ordenada y tienen multitud de aplicaciones pedagógicas dentro de la metodología[106]. Algunas se prestan más a un trabajo más armónico, melódico o rítmico, dependiendo de sus características, pero con todas es posible estas aplicaciones pedagógicas:

Trabajo melódico

– Cambio de tesitura: podremos realizar la misma melodía con las mismas notas en octavas diferentes, para afianzar las nuevas notas en el mástil

---

[105] WILLEMS, Edgar, *Canciones de dos a cinco notas*, op. cit. y *Canciones de intervalos y acordes*, Friburgo, Éditions Pro musica, 1997.
[106] Para ejemplos de acompañamientos de canciones véase WILLEMS, Edgar, *Chansons d'intervalles, Carnet nº 2 B*, Friburgo, Éditions Pro Musica, 1996.

- Transporte: es posible transportar todas las canciones de los cancioneros mencionados, en un principio sin demasiada consciencia armónica, simplemente realizando el mismo movimiento de los dedos. En canciones con dos o tres notas sin cambio de cuerda, será muy importante realizar los mismos movimientos al pisar los trastes en todas las cuerdas, con lo que tendremos 5 transportes posibles.
- Variaciones: Todas las canciones están sujetas a pequeñas variaciones. En primer lugar, serán rítmicas, poniendo puntillos o repitiendo notas en corcheas. En algunas canciones podremos variar melódicamente con notas de paso o apoyaturas.

Trabajo rítmico

- Cambio de tempo: podremos realizar la misma canción cambiando el tempo y el carácter.
- Divisiones de notas largas: convertiremos todas las notas largas negras o de mayor duración en figuras más pequeñas sin cambiar las notas de la melodía. Por ejemplo, convertir todas las negras y blancas de las canciones en corcheas, tanto en subdivisión binaria como ternaria.
- Modos rítmicos[107]: estos modos corresponden al ritmo de la canción, tempo, primer tiempo del compás y división de los tiempos. Trabajaremos estos modos en un principio sin la guitarra, percutiéndolos. La división de los tiempos es lo que se conoce en teoría musical como la subdivisión (binaria o ternaria). Posteriormente los podremos trabajar entre la voz y la guitarra. Los estudiantes podrán tocar una misma nota a modo de bajo (bordón) realizando cualquiera de los modos a la vez que canta la canción. Posteriormente al trabajo voz-guitarra se puede realizar en una misma guitarra, siempre que la canción lo permita y no requiera una superación excesiva del esfuerzo técnico del alumnado. El pulgar realizará algún modo rítmico a la vez que el resto de la mano realiza la melodía. Si esto entraña mucha dificultad, se puede realizar un paso intermedio con una polirritmia al mismo nivel corporal en la que una mano percute el ritmo de la canción y la otra realiza cualquier otro modo rítmico.

Trabajo armónico

- Funciones tonales: pondremos un bajo con la nota fundamental del acorde de la función tonal correspondiente. El bajo podremos ponerlo en el primer tiempo del compás (si no cambia el acorde dentro del mismo compás). También trabajaremos primero entre voz y guitarra para posteriormente realizarlo todo en la misma guitarra, una vez bien ubicados los diferentes bajos.
- Segundas voces: realizamos una segunda voz, normalmente en textura homofónica con la pri-

[107] WILLEMS, Edgar, *El valor humano…* op. cit p. 106.

mera en terceras o sextas paralelas y quintas de trompa. También serán posibles contrapuntos más elaborados[108] donde esté presente el movimiento contrario entre las voces, cuando el nivel musical del alumnado así lo permita.

– Acordes: para alumnos más avanzados podremos realizar posiciones estándares de acordes guitarrísticos para acompañar cualquier canción que se cante. Se realizan diferentes fórmulas de acompañamiento: arpegios, rasgueos, etc. Para alumnos avanzados podremos realizar un acompañamiento más elaborado instrumentalmente con las notas de los acordes.

Para la **improvisación**, que practicaremos desde la primera clase de cualquier nivel, podremos realizar algunas pautas para guiar y acotar los ejercicios de clase. Cada pauta que explicaremos al alumno podrá ser musical, es decir, relacionada con los elementos de la música: ritmo melodía, forma, estilo, etc., o bien podremos describir una pauta extramusical, es decir, impresiones externas relacionadas con el ser humano: texturas, colores, volumen, sentimientos, ideas, fenómenos meteorológicos, etc. Podremos entonces trabajar improvisación con diferentes actividades:

– Improvisación libre: crear música, sin restricciones melódicas o rítmicas, con las notas aprendidas. Se pueden enlazar improvisaciones entre alumnos y con el profesor haciendo que cada cual empiece por la última nota que tocó algún compañero o compañera, o bien el profesor.
– Improvisación sobre elementos extramusicales: crear melodías libres sobre algún paisaje, estación del año, sentimiento o cualidad física, etc. Deberemos dar anteriormente algunos recursos del lenguaje musical para su realización.
– Improvisación con patrones rítmicos: crear melodías a partir de un patrón rítmico generado por algún compañero o el profesor.
– Improvisación sobre un motivo melódico: El profesor inventará un motivo o semifrase en forma de pregunta musical y el alumnado responde con otro motivo. En un principio el alumnado puede crear toda una melodía a partir del motivo y posteriormente realizar sólo motivos de la misma extensión y características que los creados por el docente a modo de respuesta, con lo que se trabajará la forma y la adecuación al estilo.
– Variaciones: se propone un tema conocido o canción para que el alumnado realice variaciones, respetando la forma y el esquema armónico.
– Improvisación sobre la primera nota de cada compás de una canción: se tocan estas notas como si de una melodía de notas largas se tratase y se usa como referencia de igual forma que la melodía de una cadencia que genera una sucesión de acordes en una disposición concreta.
– Improvisación de acompañamiento: crear acompañamientos en un principio sin la guitarra, con otros objetos para percusión. De esta forma se diferencian texturas. Posteriormente podremos pedir que se improvise un acompañamiento con algunas pautas armónicas dadas por el docente.

---

[108] CHAPUIS, Jacques, *Elementos de solfeo…* op. cit. pp. 58-61.

— Improvisación sobre una técnica determinada: crear melodías o pequeñas piezas que contengan una técnica que se esté abordando en alguna canción o pieza escrita. Si por ejemplo el alumnado se encuentra estudiando una pieza a dos voces que requiera la pulsación simultánea de los dedos i-m, el profesor pedirá que invente piezas libres con esta misma técnica o bien con la misma forma o armonía de la pieza que esté trabajando con dicha técnica.

— Improvisación sobre la armonización de una escala: trataremos la escala como una melodía de ocho sonidos, correspondiendo cada nota con un acorde concreto. Los alumnos tocan la escala y el profesor los acordes acompañantes. Un orden para trabajar esta pauta puede ser así:

• Se decide un compás y el alumnado toca la escala a una nota por compás:

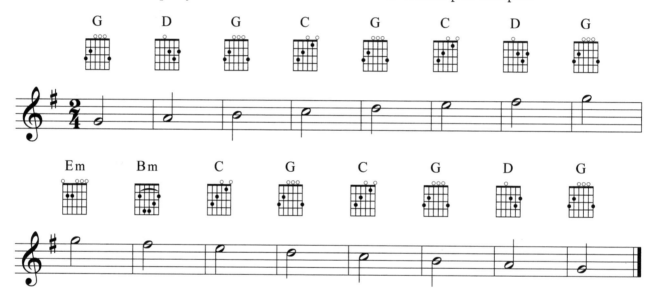

• Se inventa un patrón rítmico y se aplica a cada nota de la escala

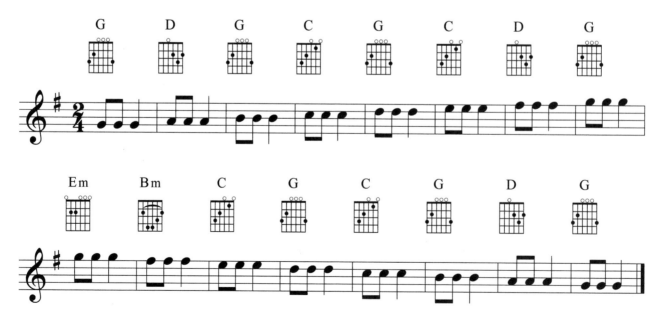

• Se hace una invención rítmica únicamente con las notas de la escala

• Se tocan varios ordenamientos melódicos en cada nota de la escala, por ejemplo, la bordadura

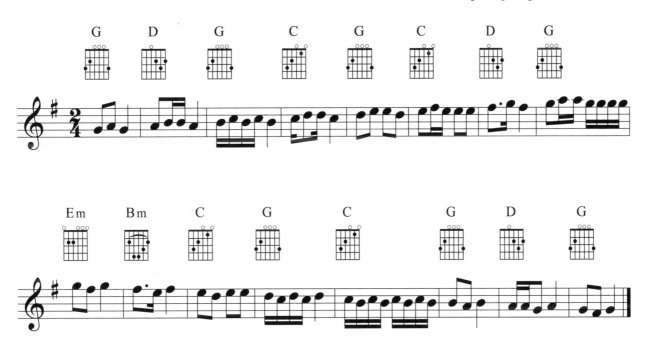

• Se realiza una improvisación rítmica sobre algún ordenamiento

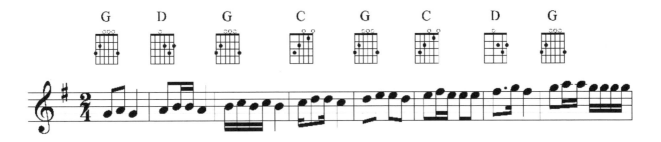

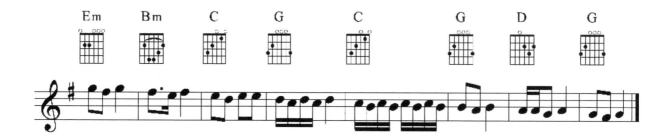

- Se hace una invención melódica

– Improvisación sobre cadencias armónicas[109]: se realizan en un principio variaciones de melodías que forman las propias notas de la cadencia para posteriormente realizar invenciones melódicas basadas en la armonía de la cadencia. Se podrán trabajar de diferentes formas:

- Invenciones rítmicas sobre las melodías que se generan de la sucesión de acordes en una disposición concreta. Si por ejemplo tenemos la llamada *Cadencia italiana*, en la disposición que nos propone Jacques Chapuis[110]:

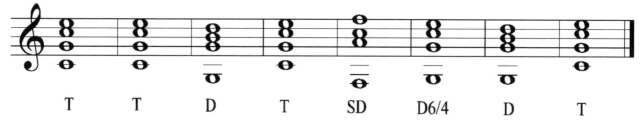

Tenemos cuatro melodías correspondientes a la voz superior, la segunda voz, la tercera voz y la voz del bajo. Que haya diferentes voces nos permite trabajar en grupo cuatro melodías simultáneamente. Si se trata de una clase individual podremos empezar por la voz superior:

Para continuar por la voz del bajo:

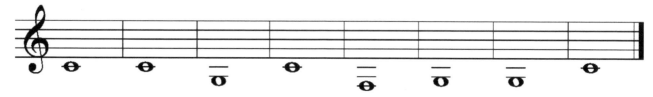

[109] Para ejemplos de cadencias véase CHAPUIS, Jacques, Elementos de solfeo…, op. cit. pp. 67-72.
[110] CHAPUIS, Jacques, Elementos de solfeo…, op. cit. p. 71.

Posteriormente podremos usar las voces intermedias.

- Ejercicios de ordenamientos sobre la melodía o el bajo de la cadencia: sobre la melodía, podremos realizar varios que nos ayudarán a una posterior improvisación melódica sobre la armonía de toda la cadencia, como pueden ser la bordadura superior, la inferior y la doble bordadura mezclando ambas. También podremos tocar tres notas ascendentes a partir de cada nota de la melodía (tricordio) y todas las variantes posibles que se nos puedan ocurrir: tricordio ascendente y vuelta descendente, tricordio más tercera, sólo la tercera, etc. Para la línea de bajo podremos usar otro tipo de ordenamientos como pueden ser el pentacordio (cinco notas), el acorde, la mezcla de ambos, etc.
- Invenciones rítmicas sobre los ejercicios de ordenamientos usados: si inventamos diferentes ritmos en los ejercicios de ordenamientos nos dará como resultado invenciones melódicas, muy estructuradas y pensadas desde un ejercicio concreto, pero al fin y al cabo una improvisación melódica.
- Improvisación melódica sobre la armonía: se tendrá en cuenta la tonalidad y los acordes que suenen en cada momento. Es el ejercicio de improvisación más extendido[111], al cual llegaremos como consecuencia de unos conocimientos teóricos, pero explicados desde la práctica con la guitarra.
- Improvisación de tipos de acompañamientos: cuando ya se tiene la habilidad de tocar acordes, podremos usar la propia cadencia para improvisar diferentes arpegios, rasgueos, etc.
- Improvisación de acordes: podremos usar cualquier melodía para que el alumnado de cursos avanzados pueda improvisar acompañamientos, atendiendo a sus capacidades de oído armónico mezcladas con sus conocimientos teóricos como única herramienta para ubicar los acordes que crean convenientes, es decir, saber armonizar en el momento.

A continuación, se exponen varios ejemplos de cadencias que podremos usar en las clases de guitarra para la parte dedicada a la improvisación. Algunas de ellas están sacadas de la obra de Chapuis[112] y adaptadas para la guitarra, otras en cambio están recogidas de algunas grandes obras sinfónicas o de la literatura para instrumentos solistas.

---

[111] Este ejercicio requiere de una consciencia tonal y armónica clara. Este tipo de ejercicio es el que siempre se ha usado para improvisar, por eso la improvisación ha quedado relegada en muchos casos a cursos avanzados, cuando ya se tienen estos conocimientos. Desde aquí recomendamos realizar los ejercicios anteriormente descritos, para poder llegar a esta improvisación con mayor seguridad y práctica, a la vez que podremos disfrutar de la creatividad del alumnado desde la primera clase de guitarra.

[112] CHAPUIS, Jacques, *Elementos de solfeo y armonía… op. cit.*

– Cadencia italiana[113]:

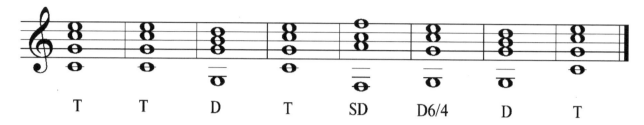

– Cadencia del Canon para cuerdas de J. Pachelbel:

– Cadencia de doble constelación (mayor y menor):

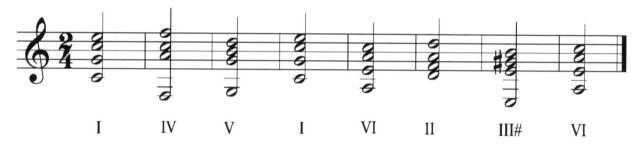

– Cadencia en movimiento contrario:

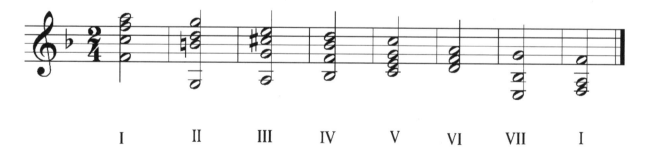

Los ejemplos anteriores se han escrito con los acordes completos por tener éstos una disposición concreta en los originales o bien por respetar una disposición que permita melodías más elaboradas en las diferentes voces. A continuación, se proponen otras cadencias en las cuales sólo

[113] También podremos usarla en el modo menor armónico.

escribiremos el bajo y la función tonal para que el docente tome la decisión de tocar los acordes por posiciones estándares de la guitarra o bien usar otras disposiciones más favorables a otra conducción de las voces.

– Cadencia de *Greensleeves*:

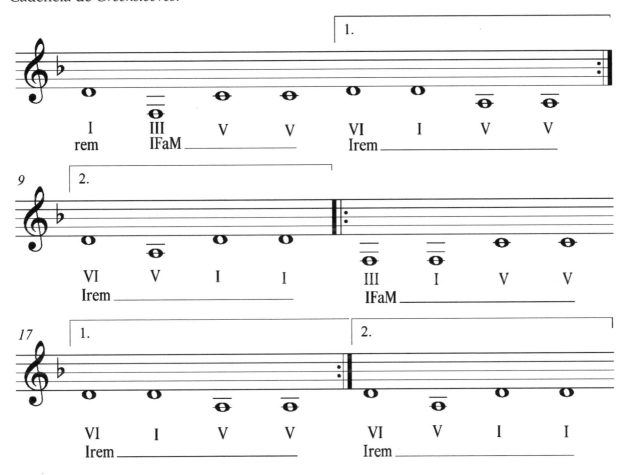

– Cadencia de *La follia*:

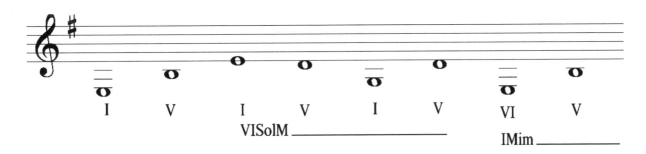

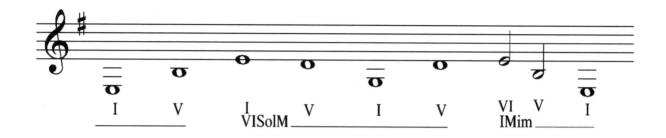

– Cadencia de la *Chaconne* de J. S. Bach[114]:

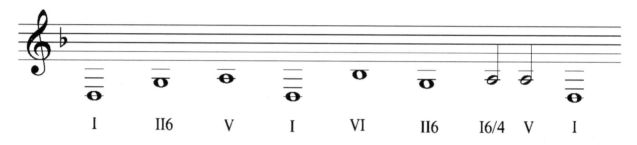

– Cadencia de la *sinfonía de la sorpresa* de J. Haydn[115]:

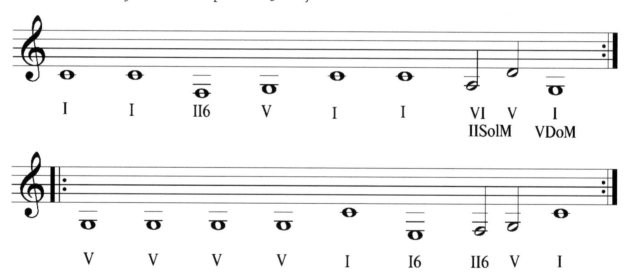

[114] *Chaconne*, partita nº 2, BWV 1004. En esta cadencia es conveniente tener afinada la sexta cuerda en RE.
[115] Segundo movimiento de la sinfonía nº 94 Hob. I.

– Cadencia de la sinfonía *Pastoral* de L. V. Beethoven[116]:

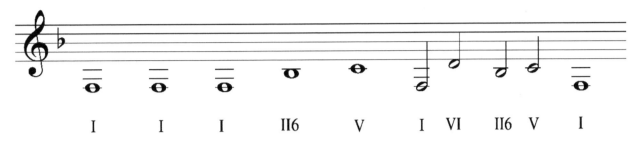

– Cadencia *Romántica*[117]:

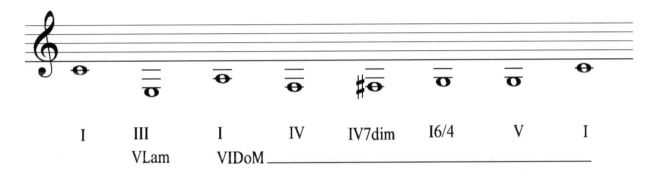

Todas estas cadencias y bajos nos darán multitud de posibilidades a la hora de improvisar, aunque todas ellas son sólo algunos ejemplos, puesto que es conveniente que tanto el alumnado como los docentes puedan crear sus propias cadencias en función de las necesidades musicales de cada momento. Abordar el estudio del bajo continuo será una buena opción para alumnos avanzados, que por un lado entrenará la lectura de los diferentes cifrados, y por otro, sentará las bases de las futuras improvisaciones. Para ello se recomienda el conocimiento de las principales reglas con libros como los de Peter Croton[118], con una adecuada progresión. El poder realizar ejercicios de bajo continuo no solo ayudará en la improvisación sino en el conocimiento adecuado para la interpretación de piezas escritas con cifrado barroco, así como aportar recursos estilísticos adecuados para el repertorio de esta época.

Para dar al alumnado mayores herramientas para una buena improvisación habrá que tener en cuenta los diferentes patrones escalísticos, pero desde un punto de vista musical, más que técnico. Para ello vamos a tener en cuenta dos premisas, la primera de ellas es considerar la nota más grave la nota fundamental de la escala, por lo que cada patrón empezará por la nota fundamental. Para un mayor ámbito melódico realizaremos patrones con escalas de dos octavas. La segunda

[116] La cadencia es sobre el tema del cuarto movimiento de la *sinfonía nº 6* op. 68.
[117] La denominación de esta cadencia proviene de la formación musical en el Congreso Willems celebrado en Lausana (Suiza) en agosto de 2012 a cargo del Centro Ricerca Divulgazione Musicale de Udine (Italia).
[118] CROTON, Peter, *Figured Bass on the Classical Guitar*, Winterthur, Amadeus Verlag, 2005.

premisa será tener una consideración más horizontal del mástil, como por ejemplo indica Sor[119], para alejarnos de la verticalidad creada por las posiciones estándares de los acordes en la guitarra. Los patrones responderán a las siguientes características:

– Escala mayor con la fundamental en la sexta cuerda
– Escala mayor con la fundamental en la quinta cuerda
– Escala menor natural con la fundamental en la sexta cuerda
– Escala menor natural con la fundamental en la quinta cuerda
– Escala menor armónica con la fundamental en la sexta cuerda
– Escala menor armónica con la fundamental en la quinta cuerda
– Escala menor melódica con la fundamental en la sexta cuerda
– Escala menor melódica con la fundamental en la quinta cuerda

De esta manera trabajaremos la escala mayor, así como los tres tipos de escalas menores: natural, armónica y melódica. Si nuestros alumnos pueden memorizar estos 8 patrones de escalas, esto les permitirá tocar a lo largo del mástil una escala de dos octavas en cualquier tonalidad, por muy alejada que esté de las tonalidades más habituales en la guitarra. Estos patrones serán entonces una herramienta básica para poder improvisar en todas las tonalidades con tan solo memorizar ocho digitaciones diferentes, puesto que todos los patrones son transportables a lo largo de todo el mástil, teniendo algunas tonalidades la posibilidad de tocar la fundamental de la escala en dos posiciones diferentes, en la quinta o en la sexta cuerda.

1. Escala mayor con la fundamental en la sexta cuerda

Vamos a tomar como referencia la nota Sol, o lo que es lo mismo, el tercer traste. Al tomar como referencia esta nota de la sexta cuerda, estaremos construyendo una escala de Sol Mayor. El modelo que usaremos será el siguiente:

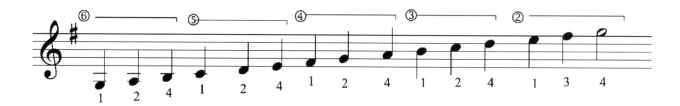

Todos los ejercicios de las escalas se deberán realizar en sentido ascendente y descendente, para un mayor dominio del patrón. Si queremos aumentar el ámbito melódico y ampliar la escala hasta la primera cuerda, basta con repetir el patrón de la segunda cuerda, es decir, los dedos 1, 3

[119] SOR, Fernando, Méthode… op. cit. pp. 27-33.

y 4, correspondientes a las notas LA, Si y Do en la primera cuerda. Este modelo tiene un desplazamiento de un traste cada dos cuerdas. Si seguimos este mismo patrón en cualquier otro traste, obtendremos una escala mayor correspondiente a la tonalidad de la nota que estemos pisando en ese momento en la sexta cuerda.

2. Escala mayor con la fundamental en la quinta cuerda

Si tomamos como referencia el mismo traste, es decir, el tercero, pero en la quinta cuerda, estaremos construyendo una escala de Do Mayor, puesto que la primera nota de la escala es la nota Do de la quinta cuerda. Usaremos un patrón de escala casi idéntico al anterior:

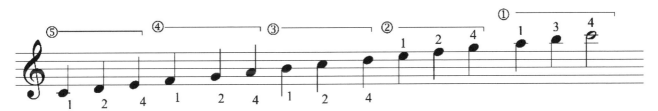

Si queremos tocar todas las cuerdas, podremos ampliar el modelo con la sexta cuerda, añadiendo el mismo patrón que en la quinta: dedos 1, 2 y 4 para las notas Sol, La y Si. En esta escala, los desplazamientos de un traste estarán entre las cuerdas 4 y 3, y entre 3 y 2. Podremos usar cualquier nota de la quinta cuerda para construir una escala mayor de cualquier tonalidad que corresponda a esa nota. Si por ejemplo empezamos la escala en el cuarto traste, podemos realizar fácilmente una escala de Re bemol Mayor, tonalidad poco habitual en el repertorio guitarrístico.

3. Escala menor natural con la fundamental en la sexta cuerda

Seguiremos teniendo como punto de referencia el tercer traste de la guitarra, por lo que ahora construiremos la escala de Sol menor natural:

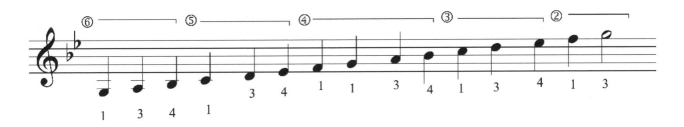

Este modelo implica un desplazamiento en la misma cuerda, en este caso en la cuarta, más un desplazamiento de un traste entre las cuerdas 3 y 2.

4. Escala menor natural con la fundamental en la quinta cuerda

A partir de la nota Do de la quinta cuerda, construiremos la escala de Do menor natural, con un patrón casi idéntico al usado para la sexta cuerda, teniendo el desplazamiento de dos trastes con el mismo dedo en la cuerda 3 y el desplazamiento de un traste entre las cuerdas 2 y 1.

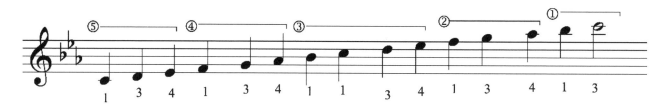

5. Escala menor armónica con la fundamental en la sexta cuerda

En este caso el modelo posee dos desplazamientos de un traste seguidos, uno entre las cuerdas 5 y 4 y otro en la cuerda 4 con el mismo dedo 1.

6. Escala menor armónica con la fundamental en la quinta cuerda

Este patrón es muy parecido al usado en la cuerda sexta, con la única diferencia de que los desplazamientos son en una cuerda más hacia abajo y un desplazamiento más entre las cuerdas 2 y 1.

7. Escala menor melódica con la fundamental en la sexta cuerda

Este tipo de escala tiene una particularidad, ya que la escala menor melódica tiene el sexto y el séptimo grado alterado ascendentemente cuando tocamos la escala en sentido ascendente pero cuando la tocamos descendentemente sería igual que la natural. Esto supone una ventaja puesto que el modelo de la escala menor natural ya lo tendríamos aprendido y lo digitamos de igual forma.

8. Escala menor melódica con la fundamental en la quinta cuerda

El modelo usado para Do menor melódica es casi idéntico que para Sol menor.

Para una ampliación del uso de las escalas podremos utilizar escalas de una sola octava, pero armonizadas a dos, tres y cuatro voces, donde tendremos un abanico más amplio para realizar improvisaciones a varias voces[120].

[120] PICCOLI, Roberto, *Armonizzazioni per la chitarra classica. Scale maggiore e minori a 2, a 3 ed a 4 voci*, Udine (Italia), Centro Ricerca Divulgazione Musicale.

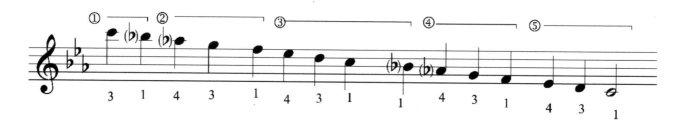

Esto será idóneo desarrollarlo en cursos superiores o de postgrado, no ya solo como herramienta de trabajo en la propia clase de instrumento sino para un desarrollo curricular de asignaturas que tengan como tema central el acompañamiento o la improvisación en la guitarra.

BIBLIOGRAFÍA

ABREU, Antonio y PRIETO, Víctor, *Escuela para tocar con perfección la guitarra de cinco y seis órdenes, con reglas generales de mano izquierda y derecha*, Salamanca, Imprenta de la calle Prior, 1799.

AGUADO, Dionisio, *Colección de estudios para guitarra*, Madrid, B. Wirmbs, 1820.

AGUADO, Dionisio, *Escuela de guitarra*, Madrid, B. Wirmbs, 1825.

AGUADO, Dionisio, *La guitare fixée sur le tripodison ou fixateur*, París 1836.

AGUADO, Dionisio, *Nuevo método para guitarra*, Madrid, El autor, 1843.

ALCALÁ-GALIANO, Cristina, *La improvisación en la historia de la música y de la educación: estudio comparativo de la creatividad en la música en niños de 7 a 14 años*, Tesis doctoral, Universidad Autónoma de Madrid, 2007.

ALEXANDER, F. Matthias, *Constructive conscious control of the individual*, Wisconsin, E. P. Dutton & Company, 1923.

AMAT, Joan Carles, *Guitarra española y vandola*, Gerona, Joseph Bró, 1761 (edición facsímil del original de 1596).

ANNETT, Marian, *A model of the inheritance of handedness and cerebral dominance*, Londres, Nature vol. 204, pp. 59-60.

ANNETT, Marian, *Genetic and non genetic influences on handedness*, Behavior Genetics, vol. 8 n° 3, 1978, pp. 227-249.

ARONSON, Elliot, *El animal social: introducción a la psicología social*, Madrid, Alianza, 1992.

ATKINSON, Richard y SHIFFRIN, Richard, "Human Memory: A Proposed System and its Control Processes" en Kenneth W. Spence y Janet Taylor Spence (eds.), *The Psicology of Learning and Motivation*, Nueva York, Academic Press, vol. 2, 1968, pp. 89-195.

BISQUERRA, Rafael, *Educación emocional: propuestas para educadores y familias*, Desclee de Brouwer, Bilbao, 2013.

BOCHSMA, Hans, *La respiración*, en Brass Bulletin, nº 66, 1989.

BOSCH, Jaime, *Méthode de guitare*, París, 1890.

CARLES, Phillipe; CLERGEAT, André y COMOLLI, Jean-Louis: *Dictionaire du jazz*, París, Éditions Robert Laffont, 1988.

CARTÓN, Carmen y GALLARDO, Carlos, *Educación musical: Método Kodály*, Castilla Ediciones, Valladolid, 1993.

CHAPUIS, Jacques, *Elementos de solfeo y armonía del lenguaje musical*, Friburgo, Éditions Pro Musica, 1995.

CHAPUIS, Jacques, *Motifs d'ordonnances pour solfège et piano. Education musicale et instrumentale Willems*, Friburgo, Editions Pro Música, 1990.

CLAYTON, Peter y GAMMOND, Peter, *Jazz A-Z: Guía alfabética de los nombres, los lugares y la gente del jazz*, Madrid, Taurus, 1990.

COREN, Stanley y PORAC, Clare, *Birth factors and laterality: Effects of birth order, parental age, and birth stress on four indices of lateral preference*, Behavior Genetics, vol. 10 nº 2, 1980, pp. 123-138.

CORRALIZA, Diego, *Armonía y sistema CAGED en la guitarra clásica*, Pozuelo de Alarcón, Enclave Creativa Ediciones, 2013.

CROTON, Peter, *Figured Bass on the Classical Guitar*, Winterthur, Amadeus Verlag, 2005.

DALCROZE, Emile Jacques, *Le rythme, la musique et l´éducation*, Foetisch Frères, Lausanne, 1965.

DALIA, Guillermo, *Cómo superar la ansiedad escénica en músicos: un método eficaz para dominar los "nervios" ante las actuaciones musicales*, Mundimusica Ediciones, Madrid 2004.

DE ÁGUILA, Juan, *Las canciones del pueblo español*, Unión Musical Española, 1960.

DI SANTE, Elisa, *Psicomotricidad y desarrollo psicomotor del niño en edad preescolar*, Caracas, Universidad Pedagógica Experimental Libertador: Instituto de Mejoramiento Profesional del Magisterio, 1999.

DOMÍNGUEZ, Pedro. *La memorización en la interpretación guitarrística. Técnicas y estrategias para su estudio*. Revista Roseta nº 11. SEG, Madrid 2018, pp. 22-36.

FELDENKRAIS, Moshe, *Autoconciencia por el movimiento, ejercicios para el desarrollo personal*, Buenos Aires, Paidós, 1980.

FERANDIERE, Fernando, *Arte de tocar la guitarra española por música*, Madrid, Pantaleon Aznar, 1799.

FORTE, Allan y GILBERT, Steven E., *Introducción al análisis schenkeriano*, Barcelona, Labor, 1992.

FROSTIG, M Y MASLOW, P, *Educación del movimiento*, Panamericana, Buenos Aires, 1984.

GAIRÍN, Joaquín, "Los estadios de desarrollo organizacional", en *Contextos educativos: Revista de Educación*, Universidad de La Rioja, 1998, pp. 125-154.

GALERA, María del Mar y TEJADA, Jesús, "Lectura musical y procesos cognitivos implicados", *Revista electrónica de Leeme*, n° 29, 2012, pp. 63-64.

GALLEGO, Francisco, *Esquema corporal e imagen corporal*, Revista Española de Educación Física y Deportes, n° 12 julio-septiembre 2009.

HARDYCK, Curtis y PETRINOVICH, Lewis F., *Left-handedness*, Psychological bulletin vol. 84 n° 3, 1977, pp. 385-404.

HARRIS, Albert Josiah, *Lateral Dominance, Directional Confusion, and Reading Disability*, The Journal of Psichology, vol. 44, n° 2, 1957.

HEGYI, Erzsébet, *Método Kodály de Solfeo I*, Pirámide, Madrid, 1999.

HEMSY, Violeta, "La educación musical en el s. XX" en *Revista Musical Chilena*, Año LVIII, n° 201, enero-junio 2004, pp. 74-81.

HEMSY, Violeta, *La improvisación musical*, Buenos Aires, Ricordi Americana, 2007.

JACOBSON, Edmund, *Progressive relaxation*, Oxford, Univ. Chicago Press, 1938.

JODAR, Rocío, *La aplicación de metodologías activas en el aula de guitarra a través de la inclusión de la música popular en el repertorio didáctico del instrumento*. Revista Roseta, Madrid, n° 11, 2018, Sociedad Española de la Guitarra, pp. 38-57.

JORQUERA Jaramillo, M ª Cecilia. *Métodos históricos o activos en educación musical*. Revista electrónica de LEEME n° 14, noviembre de 2014.

KLÖPPEL, Renate, *Ejercitación mental para músicos*, Idea Books.

KOPIEZ R y LEE JI. *Towards a dynamic model of skills involved in sigth reading music*. Music Education Research n° 8 (1), pp. 97-120, 2006.

LEHMANN AC y ERICSSON KA. *Performance without preparation: structure and acquisition of expert sigth-reading and accompanying performance*. Psychomusicology n° 15 (1/2), pp. 1-29, 1996.

MARTENOT, Maurice, *Principios fundamentales de formación musical y su aplicación*, Rialp, Madrid, 1993.

MCPHERSON, Gary E. *Factors and abilities influencing sightreading skill in music. Journal of Research in Music Education*, vol. 43 nº 3 pp. 217-231, 1994.

MERTON, Robert King, *Teoría y estructuras sociales*, México, Fondo de Cultura Económica, 2002.

MORETTI, Federico, *Principios para tocar la guitarra de seis ordenes, precedidos de los elementos generales de la música*, Madrid, imprenta de Sancha, 1799.

ORFF, Carl, *Das Schulwerk: Rückblick und Ausblick*, Schott, Mainz, 1963.

PIAGET, Jean y INHERDEL, Baebël, *Psicología del niño*, Madrid, Ediciones Morata, 1969; íd., *Memoria e inteligencia*, Buenos Aires, El Ateneo, 1968.

PICCOLI, Roberto, *Armonizzazioni per la chitarra classica. Scale maggiore e minori a 2, a 3 ed a 4 voci*, Udine (Italia), Centro Ricerca Divulgazione Musicale.

PORRO, Pierre, *Instruction élémentaire de la lyre-guitarre*. París, P. Porro, 1806.

RIBONI, Marco, "Fernando Sor e il méthode pour le guitare" en *Estudios sobre Fernando Sor*, Madrid, ICCMU, 2010.

ROMERO, Mª Dolores, *La importancia del repertorio como recurso didáctico*, Revista Musicalia nº 3, Conservatorio Superior de Córdoba.

ROSENTHAL, Robert y JACOBSON, Lenore, *Pygmalion in the classroom: Teacher expectation and pupil's intellectual development*, New York, Irvington Publishers, 1992.

SARDÁ, Esther, *En forma: ejercicios para músicos*, Barcelona, Paidós Ibérica, 2003.

SOR, Fernando, *Méthode pour la guitare*, París, el autor, 1830.

SPIELBERGER, Charles, *Theory and research on anxiety*, Spielberger Ch. D. (Ed.): "Anxiety and Behavior", Nueva York, 1966, Academic Press.

SUZUKI, Sinʹichi (trad. Waltraud Suzuki), *Nurtured by Love: An Approach to Education*, Exposition Press, Smithtown, 1969.

SUZUKI, Sinʹichi, *Young Children's Talent Education and Its Method*, Summy Burchard y Warner Bross Publications, Miami, 1996.

SZONYI, Gyorgy E., *Kodály's Principles in Practice: An Approach to Music Education Trhough the Kodály Method*, Corvina, Budapest, 1973.

VELÁZQUEZ, Ana, *Cómo vivir sin dolor si eres músico*, Barcelona, Ma non troppo, 2013.

WARD, Justine Bayard, *Método Ward. Pedagogía Musical Escolar de Justine Bayard Ward*, Declésse, Bruselas, 1964.

WEINER, Bernard, "An attributional theory of achievement motivation and emotion" en Psychological Review, Los Ángeles, University of California, nº 92 (4), 1985, pp. 548-573.

WILLEMS, Edgar, Chansons d'intervalles avec accompagnement de piano (carnet nº 2 B), Friburgo, Édtions Pro Musica, 1996.

WILLEMS, Edgar, El oído musical. La preparación auditiva del niño, Barcelona, Paidós Ibérica, 2001.

WILLEMS, Edgar, El valor humano de la educación musical, Barcelona, Paidós 2002.

WILLEMS, Edgar, Las bases psicológicas de la educación musical, Barcelona-Buenos Aires, Paidós, 2011.

WILLEMS, Edgar, Solfeo curso elemental. Libro del maestro, Friburgo, Éditions Pro Musica, 2008.

WOLPE, Joseph, Psychoterapy by reciprocal inhibition, Stanford, Stanford University Press, 1958.

ZAZZO, René, Manual para el examen psicológico del niño, Fundamentos, 1984.

Otros títulos de Ma Non Troppo / Taller de música:

Cómo potenciar la inteligencia de los niños con la música - *Joan Maria Martí*

Ser músico y disfrutar de la vida - *Joan Maria Martí*

Aprendizaje musical para niños - *Joan Maria Martí*

Cómo desarrollar el oído musical - *Joan Maria Martí*

Cómo preparar con éxito un concierto o audición - *Rafael García*

Técnica Alexander para músicos - *Rafael García*

Entrenamiento mental para músicos - *Rafael García*

Las claves del aprendizaje musical - *Rafael García*

Musicoterapia - *Gabriel Pereyra*

Cómo vivir sin dolor si eres músico - *Ana Velázquez*

El lenguaje musical - *Josep Jofré i Fradera*

Mejore su técnica de piano - *John Meffen*

Guía práctica para cantar - *Isabel Villagar*

Guía práctica para cantar en un coro - *Isabel Villagar*

Técnicas maestras de piano - *Stewart Gordon*

Cómo ganarse la vida con la música - *David Little*

Home studio: Cómo grabar tu propia música y vídeos - *David Little*

Cómo componer canciones - *David Little*

Aprende a improvisar al piano - *Agustín Manuel Martínez*

Cómo leer música - *Harry y Michael Baxter*

El aprendizaje de los instrumentos de viento madera - *Juan Mari Ruiz*

La técnica instrumental aplicada a la pedagogía - *Juan Mari Ruiz*

Apps para músicos - *Jame Day*

Lo esencial del lenguaje musical - *Daniel Berrueta y Laura Miranda*